LA
POLITIQUE NOUVELLE

PARIS. — IMPRIMERIE VALLÉE, 15, RUE BREDA.

LA POLITIQUE NOUVELLE

PAR

J. RADLÉ

PARIS

E. DENTU, ÉDITEUR

LIBRAIRE DE LA SOCIÉTÉ DES GENS DE LETTRES

Palais-Royal, Galerie d'Orléans, 17 et 19

—

MDCCCLXV

1865

PRÉFACE

Chaque siècle a ses grandeurs, ses faiblesses et ses besoins. Il est donc impossible de ne pas modifier la politique d'après les besoins de chaque siècle. Les États et les peuples qui suivent cette loi évitent les bouleversements et les malheurs qui sont ordinairement la conséquence de l'obstination, avec laquelle on veut retenir le passé, ou de la légèreté avec laquelle on veut renverser tout édifice construit depuis des siècles. A notre avis, une politique toute nouvelle est nécessaire pour l'Europe, et nous publions nos pensées avec la profonde conviction que beaucoup des hommes politiques retrouveront les leurs. Nous regardons la question des nationalités, malgré sa gravité, comme primée par la question des races, et la politique des États comme subordonnée à la politique de l'Europe. Ce n'est donc pas comme Français ou Anglais, comme Allemand ou Italien, que nous allons envisager la politique générale : c'est comme Européen.

LA

POLITIQUE NOUVELLE

Qu'il nous soit permis d'abord de jeter un simple coup d'œil sur la dernière guerre d'Orient.

Elle a été racontée bien des fois et tout le monde la connaît dans ses moindres épisodes; peut-être cependant, trouvera-t-on un certain mérite de nouveauté aux remarques que nous allons faire.

L'empire des czars a été attaqué par la plus grande puissance maritime et par la première puissance militaire de l'Europe.

Ces puissances trouvaient un énorme point d'appui en Turquie; et le concours de la Sardaigne, de l'Egypte, de Tunis, ainsi que des peuplades mahométanes de la Crimée et du Caucase ne leur était pas d'un mince avantage.

Eh bien! quelle a été la conséquence d'une ligue si formidable?

Le colosse du Nord a reçu à peine une légère blessure au talon.

Plus de trois milliards ont été dépensés; environ 200,000 soldats ont péri, pour prendre une partie d'une ville, fortifiée à la hâte, et pour forcer l'ennemi à détruire quelques douzaines de bâtiments à voiles sans grande valeur déjà à cette époque, et qui, maintenant ne vaudraient plus rien.

Quant aux avantages obtenus par les alliés au congrès de Paris, ils ont été proportionnés à ceux obtenus pendant la guerre, c'est-à-dire très-minimes aussi.

La cession à la Turquie, ou plutôt à un vassal de celle-ci, d'un petit territoire en Bessarabie, faite par la Russie, l'abdication du protectorat sur les Principautés Danubiennes, la promesse de ne construire ni vaisseaux, ni forteresses sur la mer Noire, tels sont les principaux et chétifs résultats que la moitié de l'Europe coalisée, après une guerre des plus longues et des plus sanglantes, a pu obtenir.

Encore verrons-nous que ces résultats sont même devenus en partie nuls, par la facilité laissée à la Russie d'expliquer, conformément à ses intérêts, les diverses stipulations du traité de Paris.

Pourquoi donc les efforts de la moitié la plus considérable de l'Europe n'ont-ils pas aboutis à quelque chose de plus sérieux, pas même à la conquête de la Crimée, petite province détachée de l'Empire et si difficile à défendre? La cause en est-elle dans la valeur et le nombre des soldats moscovites? Dans l'expérience de leurs chefs? Mais la valeur des soldats alliés était supérieure, leur nombre presque égal, et les communications pour la France et l'Angleterre étaient plus faciles avec Kamiesch et Balaclava, qu'elles ne l'étaient pour les Russes avec Sébastopol, puisque ceux-ci ne pouvaient arriver sur le théâtre de la guerre qu'après des marches très-longues et très-pénibles.

L'expérience des chefs alliés ne le cédait certes pas non plus à celle des chefs russes, et les premiers étaient en outre appuyés par des populations plus civilisées, plus riches et plus nombreuses.

S'en prendra-t-on à la manière dont la guerre a été conduite? — Peu de guerres le sont de façon à échapper complétement à la critique : on peut donc critiquer celle d'Orient. Mais si quelques fautes ont été commises, la guerre a duré assez longtemps pour que ces fautes aient pu être réparées. La cause du mal n'est pas là encore!

Elle est tout entière, et c'est avec un indicible sentiment d'inquiétude que nous avons dû en convenir vis-à-vis de nous-mêmes; elle est tout entière dans la puissance immense de l'empire russe et dans l'influence que le cabinet de Saint-Pétersbourg exerce sur un grand nombre d'Etats européens.

On parle d'équilibre européen. Illusion !

Hier, la moitié de l'Europe ne suffisait pas pour vaincre la Russie, demain, peut-être, toutes les forces réunies de l'Europe ne seront pas de trop pour l'arrêter.

Nous avons rappelé qu'après le traité de Paris, les pertes territoriales de l'empire moscovite étaient insignifiantes. Examinons à présent ses pertes morales.

On a généralement regardé en Europe la Russie comme vaincue et abaissée. Le public a cru facilement ce qu'il désirait. Les journaux politiques ont chanté victoire à l'envi et il est peu de personnes qui sachent qu'après la prise de Malakoff, il restait encore beaucoup à faire pour prendre Sébastopol. Le public se persuade que les Russes ont perdu Sébastopol en entier. Oui, il est vrai qu'en Europe le prestige de la puissance moscovite a beaucoup souffert, mais cela n'a pas été utile pour l'avenir, on verra au contraire combien la Russie a admirablement profité de ce qu'on appelle sa défaite morale en Occident. Loin de dissimuler cette défaite, la Russie l'a exagérée.

Lorsque le ministre russe a écrit : « La Russie ne boude pas, elle se recueille ! » — Tout le monde s'est mis à rire, on aurait mieux fait d'approfondir ces paroles, et on aurait trouvé, depuis huit ans, le sens de ce recueillement.

Si les circonstances de la guerre ont été regardées en Europe comme désastreuses pour la Russie, tout le contraire a eu lieu en Orient. Avant la guerre, les peuplades du Caucase, les Turcomans, Chiviens, Boucharès, etc., n'avaient pas une bien grande idée de la puissance moscovite, contre laquelle plusieurs d'entre elles combattaient depuis un siècle. A leurs yeux, la puissance du sultan était dix fois supérieure à celle du czar. Quel n'a donc pas été leur étonnement lorsqu'elles ont vu ce formidable sultan appuyé par de tels alliés, faire pendant trois ans des efforts inutiles pour arracher au czar les anciennes possessions ottomanes ?

La Russie a grandi de cent coudées pour ces peuples, et cette réaction dans leur pensée a été la cause principale de leur perte.

Il n'est pas inutile ici de rappeler la statistique de l'empire moscovite.

En 1856, la population de la Russie atteignait le chiffre de 74,500,000 âmes, c'est-à-dire qu'elle était supérieure de plus de *huit millions* à la population réunie de la France et de la Grande-Bretagne. Elle contenait deux races : 1° la race arya, qui comptait à peu près 20,000,000 d'âmes, et était représentée par les Suédois, les Allemands, les Lithuaniens, les Polonais, les Petits-Russes, les Roumains et les Abasas du Caucase; 2° la race touranienne, représentée par les Finnois, les Moscovites ou Grands-Russes, les Cosaques, les Tatars, les Juifs, les peuplades du Caucase et une multitude de peuplades dans la Russie d'Asie. Les Moscovites et Cosaques qui parlent la langue russe et professent la religion grecque sont au nombre de 46,000,000 environ.

Entre les huit millions qui ne sont pas encore russifiés, il n'y a que les

Finnois du Grand-Duché, élevés pendant des siècles dans la religion catholique et protestante et dans les lois européennes qui soient capables d'opposer une résistance morale à la russification; pour les autres peuples, c'est une simple question de temps.

La plupart, en effet, parlent avec leur propre langue, la langue russe, et excepté les mahométans, qui tiennent fortement à leur religion, l'absorption de ces peuples et leur transformation en russes orthodoxes s'opère très-rapidement.

En comprenant bien la question des races, on trouve la clef d'une foule de questions insolubles autrement. Les Moscovites ont propagé avec ardeur cette croyance qu'ils étaient de race arya et d'origine slave. La communauté de la langue et de la religion est venue à l'appui de ce mensonge qui a servi aux czars à s'emparer des pays slavo-russes et finalement de la Pologne.

C'est uniquement en vertu de ce mensonge que le Moscovite détient des contrées européennes avec une certaine apparence de droit. Mais, quoique des siècles se soient écoulés depuis la réunion des divers peuples petits-russiens à l'empire moscovite, le mélange a été impossible, la nature s'est opposée à la fusion des deux races.

Les choses se passent tout autrement avec les Touraniens de l'Asie. Là, des peuples entiers ont oublié, depuis un temps plus ou moins long, leur langue, leur religion, et sont devenus aussi bons Moscovites ou Grands-Russes que les habitants de Moscou.

Ainsi donc, le czar possède des *pays européens* dont la frontière commence à Novgorod et finit à quelques journées sur la rive gauche du Dniéper : il les possède par la conquête et les retient par la force matérielle; tandis que les pays habités par la race touranienne deviennent, après la conquête, des membres naturels du czarat et n'ont nullement besoin de contrainte pour s'assimiler aux conquérants.

C'est une grande erreur de confondre la possession de pays asiatiques ou africains par les puissances européennes avec les conquêtes continuelles des Moscovites en Asie. Les possessions d'outre-mer ne sont pour les Européens que des acquisitions territoriales; les habitants restent étrangers, ils pensent continuellement à leur affranchissement et jamais on ne verra des tribus, des familles entières de l'Inde ou de l'Algérie changer leur nationalité contre la nationalité anglaise ou française. Nous ne connaissons pas d'exemple, et nous ne le verrons peut-être jamais qu'un rajah indien ou qu'un cheik arabe soit devenu lord ou marquis. Le contraire a lieu en Russie : chaque nouvelle conquête en Asie fait bientôt partie intégrante de l'empire et perd son cachet particulier. Les gouvernements conquis depuis cinquante ans sur les bords de l'Oural et du Volga ne diffèrent presque en rien des anciennes provinces moscovites. Le Hantatar ou Kalmouk, le Pschi circassien entrent de droit dans la noblesse russe et nous rencontrons, dans les salons de Paris, beaucoup de princes russes dont les pères ont été nomades. C'est une des preuves les plus convainquantes de l'affinité de race entre les Moscovites et les peuples touraniens de l'Asie. Nous verrons quel danger résulte de cette affinité pour le repos et l'indépendance de l'Europe.

Après la perte des embouchures du Danube, la Russie a commencé à se recueillir. L'idée de la prise de Constantinople, par laquelle le czar Nicolas avait voulu couronner son règne, dut être abandonnée momentanément. La défiance de l'Europe était éveillée, l'Autriche elle-même avait refusé de se faire la complice d'un pareil attentat. Plus que suffisantes pour la défense, les forces du czarat n'étaient pas propres pour l'attaque.

Le gouvernement d'Alexandre II eut donc à s'occuper de deux choses :

1° endormir la vigilance européenne en faisant parade de la faiblesse de l'empire; 2° consolider et accroître ses forces.

L'émancipation des serfs, cette copie de libéralisme, hautement affichée, a servi admirablement le gouvernement moscovite.

L'Europe qui ne connaît guère plus aujourd'hui l'esprit du peuple et du gouvernement moscovite qu'elle ne connaissait il y a quarante ans l'empire même, l'Europe a donné tête baissée dans le piége.

Disons quelques mots de la célèbre comédie connue sous le titre d'*Émancipation des serfs*.

Mais rappelons d'abord un autre exemple qui donnera une idée des progrès dus à l'initiative du gouvernement des czars.

Dans les premières années du règne de Nicolas Ier, un ukase défend aux propriétaires de serfs de vendre les familles sans la terre à laquelle elles sont attachées. Toute la presse libérale d'Europe applaudit et on voit là un premier pas vers un heureux avenir. Mais les serfs ont pleuré et maudit mille fois une telle protection. Comment, en effet, l'ukase a-t-il été exécuté ? La *vente* des serfs sans la terre est défendue. — Bien! dit le boyard, mais il m'est permis de louer mon serf pour un terme indéterminé. Et voilà que le père est loué pour Odessa; la mère pour Moscou, les enfants pour Archangel ou Astrakan. Dans l'ancienne coutume la famille vendue restait du moins unie. L'ukase lui ravit cette satisfaction. Avec un faux air de libéralisme le gouvernement n'a fait qu'aggraver encore son despotisme de fer.

La question de l'émancipation des serfs offre beaucoup d'analogie avec la précédente. Les anciens serfs étaient la propriété de leurs seigneurs, mais la terre qu'ils cultivaient n'était pas une propriété individuelle, elle n'appartenait pas généralement ou au seigneur ou au serf, elle appartenait à la commune. Il s'ensuit que le seigneur, en perdant le serf, perd tout et devient simple membre de la commune. S'il est bien vu du gouvernement, il reste administrateur de la commune, et comme tel il tâchera que ses revenus ne soient pas inférieurs à ceux qu'il a perdus. Le serf dont le bien-être, en somme, profitait à son seigneur, n'inspirera plus le même intérêt à son administrateur, et il y a tout lieu de croire qu'il regrettera la servitude. Mais le gouvernement a fait une belle affaire. Il a mis un frein aux aspirations libérales de la noblesse, il l'a serrée davantage sous sa dépendance et il s'est posé en bienfaiteur des paysans, qu'il peut lancer contre elle quand il voudra.

L'Europe a été complétement dupée. Personne ne s'est dit que, pour doter un peuple de la liberté, il faudrait commencer par la donner aux hommes qui peuvent la comprendre. Mais accorder la liberté aux serfs et la refuser aux classes élevées de la société, cela aurait dû pourtant inspirer de la défiance.

Un autre fait qui a été très-bien accueilli par l'opinion publique européenne, c'est la sollicitude empressée du gouvernement du czar pour les constructions de bateaux à vapeur, chemins de fer, télégraphes, etc. Nous voyons avec plaisir que depuis quelques semaines les hommes politiques commencent à s'inquiéter de ce progrès. Ils ont grandement raison, car le gouvernement russe, en supprimant les énormes distances de son empire, triple les moyens d'attaque qu'il dirigera un jour contre l'Europe. C'est en effet son but. Le développement du commerce n'est ici qu'une question secondaire. Ainsi les sciences et les capitaux de l'Europe servent à accroître les forces de son ennemi naturel.

Nous ne pouvons dans ce rapide travail développer nos idées sur la politique moscovite, il faudrait pour cela de gros livres et non une simple brochure. Contentons-nous donc de soulever quelques-uns des voiles que le gouvernement russe a tendus pour cacher à l'Europe ses véritables desseins.

Depuis le traité de Paris, les prétendus progrès de la Russie dans la voie de la civilisation ont exclusivement occupé l'attention des peuples et des gouvernements européens; mais quant à ses progrès réels ils ont été conformes à son esprit traditionnel de conquête, ils sont par conséquent bien

menaçants pour l'Europe. A cela on n'a pas pris garde, c'est ce que deman-
dait le gouvernement du czar et il a été servi au delà de ses souhaits.

Après les progrès fictifs de la Russie, voyons donc les progrès réels qu'elle
a accomplis depuis 1856.

La flotte de la mer Noire avait été détruite pendant la dernière guerre, une
grande partie des ouvrages de Sébastopol avait été ruinée. Le traité de
Paris stipulait qu'aucune nouvelle fortification ne serait élevée sur les bords
de la mer Noire et que la Russie ne pourrait avoir sur cette mer que deux
bâtiments de guerre d'un faible tonnage. Un article, ajouté sur les demandes
pressantes des plénipotentiaires russes, porta à dix le nombre de ces bâtiments (à vapeur). Cet article additionnel a donné à la Russie le moyen de
hâter la conquête du Caucase et l'expulsion du peuple abasa, ou comme on
l'appelle en Europe, circassien.

Immédiatement après la conclusion de la paix, le gouvernement russe
forme une compagnie de navigation sur la mer Noire, dans le simple intérêt
du commerce.

Le gouvernement construit les vaisseaux et fournit les officiers ainsi que
les matelots de la marine de l'Etat. Les vapeurs de la compagnie sont en
outre construits de manière que leur armement en guerre puisse s'effectuer dans un très-bref délai. La fondation d'arsenaux maritimes et de fortifications sur les bords de la mer Noire étant interdite par le traité de Paris, on
les établit sur la mer d'Azof et on élève des citadelles formidables des deux
côtés du Bosphore cimmérien. Le nouveau système des bâtiments de guerre
qui n'ont qu'un faible tirant d'eau, rend les manœuvres possibles dans la
mer d'Azof. Ainsi le gouvernement russe, tout en exécutant à la lettre le
traité de Paris, en a annihilé complétement les effets. L'ancienne flotte à voiles
de la mer Noire est remplacée par une nombreuse flotte à vapeur, le port et
les fortifications de Sébastopol sont remplacées par la mer d'Azof et par
les fortifications plus sûres du Bosphore cimmérien.

La différence entre le passé et le présent est celle-ci : pour débarquer
50,000 hommes près de Constantinople, l'ancienne flotte à voile, soumise au
temps et au vent, avait besoin de dix ou douze jours, tandis que la nouvelle flotte, avec plus de sécurité, n'en a besoin que de deux. Telles sont
les conséquences des pertes soi-disant irréparables que la Russie a subies
par la destruction de sa flotte et d'une partie des fortifications de
Sébastopol.

La conquête du Caucase a été, depuis Pierre Ier, une des principales préoccupations du gouvernement moscovite. Il serait curieux de vérifier les sacrifices en hommes et en argent que la Russie s'est imposés pour n'arriver jusqu'en 1854, qu'à l'occupation partielle et mal assurée de cette formidable position qui, une fois en son pouvoir, devait lui livrer la Perse et la Turquie d'Asie, et par conséquent un chemin plus facile vers Constantinople.

Il était réservé au règne pacifique d'Alexandre II de consommer en huit années cette conquête tentée vainement pendant un siècle et demi.

Résumons en quelques lignes les faits qui se sont passés depuis dix ans.

En 1854, deux peuples du Caucase, différents de race, de mœurs et de langue résistent aux efforts des armées du czar. Le premier, de race touranienne, se compose de Koumouks, Tchefschens, Avares et Lesghiens, et occupe les montagnes sur les bords de la mer Caspienne ; il compte à peu près 600,000 âmes, son chef est Schamyl. Le second, de race arya, les Abasas, habite les plaines et les montagnes, entre les bords de la mer Noire et le fleuve Kouban ; il compte près d'un million d'âmes, son chef est le naïb Mahomet-Emin. Ces deux peuples que les Russes et tout le monde à leur exemple désignent sous le nom mal approprié de Circassiens, n'ont entre eux aucune communication, le milieu du Caucase étant depuis longtemps occupé par les Russes. Malgré tous les efforts et toute la puissance du czarat, la résistance des montagnards, en 1854, ne permet pas de présumer que la conquête soit près de s'effectuer.

Survient la guerre d'Orient. Les montagnards des bords de la mer Noire saluent avec bonheur les premiers vaisseaux des alliés. Ils entrevoient dans un avenir prochain le terme de leurs combats. Schamyl prépare une diversion avec 40,000 de ses montagnards, Mahomet-Emin peut rassembler environ 60,000 hommes, les autres peuplades à demi soumises n'attendent qu'un signal pour secouer le joug moscovite. Le gouvernement russe comprit parfaitement le danger, et il renforça l'armée du Caucase par deux divisions d'infanterie et un certain nombre de Cosaques du Don.

Ici nous nous permettrons quelques observations sur cette partie de la guerre d'Orient.

Nous savons très-bien qu'attaquer la Russie en Finlande, dans les provinces Baltiques, en Pologne ou en Ukraine était impossible pour les alliés, du moment que les deux grandes puissances allemandes ne coopéraient pas à cette attaque avec toutes leurs forces, ou que du moins l'une d'elles s'abstenait.

Il ne fallait donc pas songer à porter la guerre de ce côté, malgré tout l'intérêt qu'excitait la question polonaise. Mais au lieu du terrible duel de Crimée dont les résultats sont si loin de compenser les sacrifices accomplis, n'eût-il pas été du plus haut intérêt pour les alliés, et surtout pour l'Angleterre et la Porte ottomane, d'arracher au czar la partie déjà soumise du Caucase et de garantir le reste contre son ambition ?

Une armée de deux cents mille hommes, aidée par cent mille montagnards irréguliers, mais bien armés, braves et connaissant admirablement la guerre des montagnes, aurait en quelques mois, malgré une formidable résistance, délivré entièrement le Caucase. La Russie perdait les fruits d'un labeur de cent cinquante ans ; elle se trouvait avoir dépensé en vain des millions d'hommes et d'immenses trésors. Le Caucase délivré et placé sous la souveraineté de la Turquie formait une barrière infranchissable entre la Russie d'une part, la Perse et l'empire ottoman de l'autre ; le prestige des Moscovites en Asie, si dangereux pour l'avenir, était détruit, et la guerre d'Orient atteignait un but digne des sacrifices qu'elle a coûtés.

Malheureusement les alliés chargèrent le *gouvernement ottoman de la question du Caucase*, et les Turcs, aussi consommés dans l'art de la guerre moderne que dans tous les autres arts, conduisirent cette affaire avec leur habileté accoutumée. Quelques misérables bataillons et quelques pachas imbéciles furent envoyés dans le pays des Abasas.

Au lieu d'occuper autant que possible, à l'aide des contingents montagnards, les forces moscovites, ces pachas passent leur temps à se quereller entre eux et à tromper les populations sur la puissance du sultan et sur leur avenir. Les frontières entre les possessions russes et les pays indépendants où depuis un siècle le canon et le fusil n'avaient cessé de se faire entendre, deviennent silencieux. Le combat cesse, la guerre des alliés semble le signal de la paix dans le Caucase. La diversion d'Omer-Pacha à Soukoumkalé, tardive et opérée avec des forces insuffisantes, ne change rien à l'état des choses. Les Russes s'aperçoivent tout de suite que le danger est passé : la position la plus vulnérable, et dans ces circonstances, la seule vulnérable de l'empire ne sera pas attaquée. Les troupes envoyées pour renforcer l'armée du Caucase sont alors appelées en Crimée, l'armée du Caucase fournit en outre 40,000 hommes à celle de Sébastopol. Une autre partie de l'armée du Caucase forte de 50,000 hommes sous les ordres de Mourawieff envahit l'Asie Mineure, met le siége devant Kars et fait prisonnière l'armée ottomane d'Anatolie. Il reste encore environ 150,000 hommes dans le Caucase pour défendre les possessions russes contre les diversions que pourraient tenter les troupes ottomanes et les montagnards, diversions qui n'ont pas lieu, grâce à l'apathie du gouvernement turc et de ses pachas.

Après la paix conclue, les troupes ottomanes quittent les quelques positions qu'elles occupaient sur les bords de la mer Noire et les pauvres montagnards à qui on avait persuadé qu'ils étaient déjà sujets du sultan, se voient avec angoisse abandonnés à leurs propres forces. Ils envoient en toute hâte une députation à Constantinople pour protester contre l'abus qu'on a fait de leur crédulité. On les trompe de nouveau. On leur promet tous les secours imaginables et on envoie clandestinement à leur aide un détachement de quatre-vingts Polonais sans argent, sans fusils, mal vêtus, avec cinq pièces de canon sans affûts et quelques barils de poudre avariée. La guerre recommence dans le Caucase quand la paix est proclamée en Europe. Mais les Russes ne trouvent plus l'ennemi confiant dans ses propres forces, méprisant leurs bataillons. La guerre d'Orient a tout changé. Les montagnards sont abattus, démoralisés ; ils se battent encore par habitude, mais mollement et sans espoir. La puissance des Russes leur semble invincible à présent qu'ils ont vu des forces gigantesques arrêtées par une seule forteresse du czar. Le Daghestan succombe le premier presque sans résistance. Les montagnards livrent leur chef Schamyl et se soumettent. Leur avenir est fixé : Touraniens, ils deviendront Moscovites et formeront de magnifiques régiments de cosaques. Déjà un grand nombre d'entre eux fait partie des cosaques du Terek.

La conquête du Daghestan consommée en 1859, les Russes tournent leurs armes contre les Abasas. Ici la lutte devient plus sérieuse, quoique la résistance soit incomparablement plus faible qu'avant la guerre d'Orient. Mais Moscovites et Abasas comprennent qu'ils ne peuvent vivre ensemble, ils n'ont ni le même sang ni le même esprit.

Le gouvernement russe, qui déporte la population polonaise de Lithuanie pour la remplacer par des employés et des colons moscovites, a bien compris qu'en laissant les Abasas dans leurs montagnes il ne serait jamais leur maître. Il a donc su gagner la coopération du gouvernement ottoman pour dépeupler les montagnes de la côte de la mer Noire. Avec son intelligence habituelle, la sublime Porte a aidé les Russes à transporter peu à peu toute la population abasa sur les plages de la Turquie.

Mon Dieu ! les pauvres Turcs pensent y gagner. En effet, ils achètent pour rien des enfants, des filles aux familles affamées et peu importe aux pachas que ce noble, ce valeureux peuple, meure de misère et de désespoir.

L'ayant trompé, indignement abusé, avant, pendant et après la dernière guerre, ils consomment leur œuvre... en lui donnant l'hospitalité du tombeau.

D'après les dernières nouvelles, la troisième partie de cette belle population a déjà succombé, le reste suivra. Quant au danger, que la conquête définitive du Caucase fait courir à l'empire ottoman, les pachas le comprennent très-peu et ils n'y pensent même pas. Tel est le résumé lamentable de l'histoire du Caucase depuis le traité de Paris. Les Russes y règnent. Les populations qui y restent sont soumises, leur désarmement s'effectuera en peu de temps et ôtera au gouvernement moscovite sa dernière inquiétude.

Les conquêtes des Moscovites dans le Caucase, depuis le traité de Paris, représentent à peu près 2400 milles carrés avec une population de 600,000 âmes. C'est un pays d'une rare beauté et d'une rare fertilité, au climat tempéré, et qui paraît renfermer des richesses minérales immenses.

Suivons le progrès de la Russie en Orient depuis 1856.

La conquête du Turkestan avait été décidée par le czar Pierre Iᵉʳ. Dans une lettre au gouverneur d'Orenbourg (1711), le czar ordonne la soumission des peuplades nomades kirghises. « C'est un peuple léger, dit la lettre du czar, mais sa soumission nous ouvre à deux battants les portes d'Asie. » Et le czar met à la disposition du gouverneur un million de roubles d'argent (4,000,000 de francs), somme énorme pour cette époque.

Mais l'ordre était plus aisé à donner qu'à exécuter. Rien de plus difficile pour les armées, en effet, que de traverser des steppes où l'on souffre de la chaleur et de la soif en été, et du froid excessif en hiver, surtout quand ces steppes sont sillonnées par des peuplades nomades et guerrières, défendant avec ruse et acharnement leurs pâturages. Malgré toute la persévérance des successeurs de Pierre Iᵉʳ, il a fallu plus d'un siècle pour franchir les steppes, soumettre les peuplades et les organiser en régiments cosaques, construire des bateaux sur la mer Aral et sur les fleuves Sir-Daria et Amou-Daria, élever des forts détachés sur leurs bords, et arriver enfin sur les frontières du Kokhand, Chiva et Bouchara.

Cette besogne est aujourd'hui terminée.

Les Baschkirs, les Kalmouks et une partie des Kirghises forment plus de cent régiments cosaques, bien organisés et disciplinés; Kokhand et Samarkand sont incorporés au nouveau gouvernement du Turkestan, Chiva et Bouchara le seront d'un jour à l'autre. Il n'y a donc plus que quatre-vingts lieues, à peu près dix journées de marche, entre les sentinelles russes dans le Turkestan et les sentinelles anglaises dans l'Inde. Les pays qui les séparent sont pour la plupart riches, bien peuplés, avec de grandes villes, et n'ayant pas de moyens de défense.

La marche en avant d'une armée moscovite ne rencontrera donc pas de sérieux obstacles. En regardant Chiva et Bouchara comme conquis, malgré les dénégations du *Journal de Saint-Pétersbourg* et les notes du *prince Gortschakoff*, nous voyons que depuis le traité de Paris, la Russie a gagné dans ces contrées, en comptant une partie des steppes, une étendue de plus de 10,000 milles carrés, avec une population dont la statistique n'est pas certaine, mais qu'on peut évaluer à environ 5,000,000 d'âmes. Cette population, à l'exception d'un petit nombre d'Aryas, montant peut-être à 100,000 âmes, les Tadschiks en Chiva, se compose de Touraniens adonnés au commerce, ayant une antique civilisation orientale, habitués à se courber sous le despotisme, et du reste peu guerriers.

Le gouvernement moscovite aura beaucoup moins de peine pour les assimiler aux Moscovites, qu'il n'en a eu avec les belliqueux Baschkirs et Kirghises.

Voilà les progrès accomplis par le gouvernement du czar Alexandre II dans cette partie d'Asie.

III

Poursuivons !

Les frontières de la Russie d'Asie ont toujours été et sont jusqu'à present mal définies. Le gouvernement des Czars a évité d'introduire là un état de choses régulier. Les yeux braqués sur Constantinople, il ajournait jusqu'après sa conquête celle de l'Asie. Il ne voulait pas éveiller les soupçons et la méfiance de l'Europe, il ne voulait pas non plus montrer ses forces au Céleste Empire. Les pauvres Chinois ont été complétement dupes de la politique moscovite qui, unissant la ruse orientale à une connaissance approfondie des relations européennes, se trouve être supérieure à toutes les autres.

On sait généralement qu'avant la dernière guerre de Chine, aucune ambassade européenne n'avait le droit de résider à Pékin, excepté l'ambassade russe. Mais ce qu'on sait moins c'est que cette ambassade y subissait les mêmes lois que les envoyés des Etats tributaires du Céleste Empire, tels que Thibet, Cachemire, Corée, etc. L'ambassadeur russe était obligé de se soumettre au même cérémonial humiliant au point de vue européen, que ses collègues, les représentants des pays tributaires. Il siégeait à Pékin, non comme ambassadeur d'une puissance amie, ce droit n'étant reconnu à personne par le gouvernement chinois, mais comme envoyé d'un prince vassal du Bohdy-Kan (empereur de Chine). Cette politique que le sentiment de dignité, ne permettait à aucun gouvernement européen de suivre, était conforme au caractère asiatique des Moscovites. Elle a porté ses fruits. L'Europe n'a rien appréhendé de ce côté et l'empire du Milieu n'a pas conçu une ombre d'inquiétude.

Or la guerre d'Orient ayant forcé la Russie à ajourner ses projets de conquête sur Constantinople, elle a dû travailler, comme nous l'avons dit plus haut, à multiplier ses forces d'attaque et chercher en Asie les moyens d'augmenter ses régiments et ses finances. L'envahissement de l'Asie, depuis le traité de Paris, se poursuit donc avec un redoublement d'énergie.

Nous avons vu les progrès de la Russie dans le Caucase et le Turkestan. Voyons maintenant son progrès en Chine.

Les frontières de la Russie d'Asie et de l'empire chinois, qui commencent à l'ouest de la mer d'Aral et vont jusqu'à l'océan Pacifique, sont mal définies. Des steppes immenses, sillonnées par des peuplades nomades séparent le midi de la Russie orientale du nord de la Chine. Les steppes font nominalement partie de l'empire chinois ; en réalité elles n'appartiennent à personne. Nous n'avons pas de données précises qui nous permettent d'indiquer jusqu'à quelle distance les troupes légères russes se sont avancées vers la véritable frontière chinoise, mais de nombreux indices nous autorisent à penser que les établissements militaires russes ont été fondés depuis quelques années sur toute la ligne, à proximité de la partie peuplée de la Chine du nord. Ceci du reste n'est que d'une gravité secondaire. A l'ouest, les progrès des Moscovites sont autrement importants. Déjà au siècle dernier toute la rive gauche de l'Amour avait été occupée par les Russes. Sur la demande du gouvernement chinois, elle fut restituée à l'empire du milieu. La Russie avait alors d'autres soucis et l'immense distance qui séparait ce territoire du cœur de l'empire, le rendait sans valeur. Depuis la guerre d'Orient les circonstances ont changé. L'envahissement de l'empire ottoman se trouvant ajourné, les distances supprimées par le télégraphe électrique et la vapeur, ces contrées sont devenues une des grandes préoccupations du gouvernement moscovite.

Déjà en 1856 un traité, conclu à Pékin, cède à la Russie la rive gauche de l'Amour et l'île de Sakhalie. Un peu plus tard la rectification des frontières exige que les Russes passent l'Amour, et la contrée entre le fleuve Sangari et la mer du Japon est déclarée propriété du czar. Pendant la guerre de la Chine avec la France et l'Angleterre, les intérêts commerciaux de la Russie demandent l'occupation de la presqu'île de Corée.

Au Japon, un consulat russe est installé dans l'île de Jeso et le modeste fonctionnaire qui gère ce consulat a besoin, pour sa sécurité, de plusieurs bataillons d'infanterie, de quelques escadrons de cosaques et de deux batteries attelées; c'est plus qu'il n'en faudrait pour changer le maître de cette notable partie de l'empire japonais. (L'île de Jéso a une population d'environ cinq millions d'habitants).

Les provinces ci-dessus mentionnées de l'empire chinois, annexées à la Russie après 1856, ont une superficie d'environ 22 ou 25,000 milles carrés, c'est-à-dire le double de la France, avec une population dont la statistique n'est pas très-sûre, mais qu'on peut évaluer environ à dix millions. Cette population ne se compose pas de Chinois proprement dits. Les Toungouses et Tatars mantchous sur l'Amour et le Sangari sont cavaliers et en grande partie nomades. Les Coreens sont agriculteurs et marins.

Ainsi, de même qu'elle abat les faibles États qui, sans faire partie intégrante de la Turquie ou de la Perse, leur servaient du moins de remparts naturels, la Russie s'empare des provinces extrêmes et tributaires de la Chine pour pénétrer facilement ensuite jusqu'au cœur de l'empire. Nous avons lu, en 1862, dans les journaux de Paris, que les avant-postes russes stationnaient à quatre-vingt lieues (dix journées de marche ordinaire) de Pékin. Ce fait était mentionné le plus tranquillement du monde, comme une curiosité sans conséquence. A nous, il nous a paru autrement grave que les pertes de la Russie dans la dernière guerre d'Orient. Nous voyons l'occupation et l'annexion des pays d'Asie d'un autre œil que la grande majorité des hommes politiques en Europe.

Autre chose, en effet, est de posséder les Indes, de fonder des établissements en Cochinchine, de prendre Madagascar ou même quelques provinces chinoises, lorsqu'on est obligé d'y arriver par mer et qu'un revirement politique quelconque peut remettre en question la possession de ces conquêtes; autre chose est d'annexer à un empire compacte des territoires qui font aussitôt partie intégrante de cet empire.

Les conquêtes asiatiques de la Russie ajoutent *directement* à son étendue, à sa population et à sa force, et il ne faut pas oublier la question de race, qui prime celle des nationalités. Nous avons vu que le peuple russien-slave et arya, malgré l'identité de langue et de religion, malgré la réunion séculaire, ne s'est pas fondu avec la masse du peuple moscovite ou grand-russe, tandis que d'innombrables peuplades nomades et barbares, en acceptant la même langue et la même religion, sont devenus aussi bons Moscovites que les habitants de l'ancienne capitale. Nous avons la certitude que les populations des pays nouvellement conquis suivront cet exemple; elles y sont fatalement entraînées par leur communauté de race avec les moscovites. Les Mongols jaunes et les Mongols blancs ont trop de points de rapprochement pour qu'on ne puisse prévoir leur unité politique. La commune est en Chine aussi bien qu'en Russie, la base de la société; le gouvernement autocratique, la division de la société en quatorze classes, l'obéissance passive, les vertus, les vices, mille choses encore, outre l'instinct de la race attirent l'une vers l'autre les deux nations.

Jetons maintenant un coup d'œil sur cet empire de Chine, si peu connu jusqu'ici et qui est loin d'exciter, comme il le devrait, l'intérêt de l'Europe.

Nous voyons plus de 500 millions d'hommes occupant un territoire dont l'étendue égale presque celle de l'Europe entière, en exceptant la Russie, mais entassés dans les provinces du milieu, de telle sorte que le nombre des habitants y est deux ou trois fois plus grand, par mille carré géographique, que dans les parties les plus peuplées de la Belgique ou de la Lombardie. D'autre part, des contrées entières, extrêmement fertiles, sont à peu près désertes; la faiblesse du gouvernement chinois n'assurant aucune sécurité aux populations qui voudraient s'y fixer.

Nous voyons un géant incapable de défendre sa capitale, laquelle renferme un demi-million d'hommes valides, contre un petit corps d'armée venu par mer.

Nous voyons une dynastie tartare mantchoue appuyée sur une population d'environ 1,500,000 Mantchoux, disséminée dans les villes et tenant l'immense empire sous un joug de fer.

Nous voyons cette dynastie depuis quinze ans aux prises avec une insurrection formidable qui dévaste le pays et qui, malgré de grands échecs, subsiste toujours.

Enfin, nous voyons ce pauvre empire avoisiné, sur une étendue de plus de mille lieues, par un État jeune, vigoureux, puissant, avide de domination, ayant à sa disposition des armées innombrables et plus d'un demi-million de cavalerie légère.

L'État jeune prépare activement depuis dix ans la conquête de son voisin. Il a déjà soumis avec la plus grande facilité des peuplades entières, il s'est ménagé des ports, il a élevé des fortifications, et il a improvisé une flotte sur ses nouvelles possessions.

Comment les czars renonceraient-ils tout à coup à cette conquête qui vient, pour ainsi dire, au-devant d'eux?

La Chine ne peut pas opposer une ombre de résistance, les derniers événements l'ont prouvé. Les Chinois verront le remplacement de la dynastie mantchoue par la dynastie moscovite, le remplacement des garnisons tatares par celle des Cosaques, non-seulement sans haine, mais peut-être encore avec joie, tandis qu'ils considéreraient une domination européenne comme le plus grand malheur.

Et à leur point de vue ils ont parfaitement raison.

A part les bienfaits de la civilisation occidentale, dont ils ne veulent que le côté matériel, parce qu'ils ne comprennent pas et détestent son côté moral, essentiellement opposé à leurs idées, qu'est-ce que la domination européenne apporterait aux Chinois qui soit capable de les tenter?

Les Européens qui vont en Chine pour y faire le commerce ou pour y dominer rendent très-peu aux Chinois en échange de ce qu'ils leur enlèvent. Tel ne sera pas le cas des Moscovites. Le czar, maître de la Chine, ouvre à ses nouveaux sujets un monde nouveau, des pays immenses, fertiles et déserts; il donne de l'air et du pain à cette population affamée et entassée dans les provinces du milieu. Il devient donc le bienfaiteur du peuple, et il le devient d'autant plus aisément que ses bienfaits mêmes augmentent la force de son empire et de son gouvernement.

Le Chinois, comme tout Touranien, se déplace volontiers, surtout quand il ne lui faut pas passer les mers, quitter sa famille, changer ses mœurs et sa manière de vivre. L'innombrable quantité de bras qui se trouveront à la disposition du gouvernement moscovite, la facilité avec laquelle ces bras pourront creer des chemins de fer et autres voies de communication dans des pays généralements plats, activeront l'éparpillement de la population.

Les Chinois, qui ne peuvent aujourd'hui, faute de place, ni élever du bétail, ni cultiver du blé, qui souffrent souvent de la faim malgré leur incomparable sobriété, les Chinois trouveront, grâce à leur soumission au czar, plus qu'ils ne pourraient jamais gagner sous une domination européenne.

Quant au progrès moral, le despotisme moscovite, si insupportable pour les peuples aryas, semblera aux Chinois, en comparaison de celui auquel ils sont accoutumés, d'une douceur angélique. Comme pour les Aryas la liberté, la sécurité est le but moral des Touraniens. Cette sécurité qui lui manque sous son faible gouvernement, le Chinois la trouvera sous la domination des czars.

Il est, à notre avis, hors de doute que les Chinois accepteront la domination du czar avec indifférence dans les premiers temps, mais bientôt avec une vive satisfaction.

Les gouvernements européens ont tous intérêt à ce que la Chine ne tombe pas sous la domination russe. Auront-ils assez de moyens pour l'empêcher ? Nous en doutons. Il faudrait entretenir dans ces parages, non-seulement une flotte formidable, mais aussi une armée d'au moins cent mille hommes. Il faudrait créer, organiser à l'européenne une armée chinoise, entreprise peut-être plus difficile que la conquête même de la Chine et qui demanderait un temps très-long, tout cela ne servirait qu'à retarder, mais non pas à arrêter les progrès des Moscovites.

Avec tant d'avantages obtenus déjà, ceux-ci tiennent, pour ainsi dire, leur conquête.

L'empire chinois est fatalement destiné à être gouverné par la même dynastie qui règne à Moscou. Ce ne sera pas, du reste, la première fois qu'un tel événement aura eu lieu ; la dynastie de Dschengis-khan a commandé long-temps à Nankin comme à Moscou.

Nous pouvons nous attendre à voir et peut-être bientôt, les czars qui sont maîtres déjà de la sixième partie du globe, le devenir aussi de la moitié de l'espèce humaine.

Quelles seront les conséquences de cette domination ? Dieu seul le sait ! Mais il est permis de supposer qu'ils ne voudront pas s'arrêter en si beau chemin, qu'ils désireront l'étendre sur l'Asie entière, et plus tard sur l'Europe. Qu'on ne rie pas en entendant parler du Chinois comme d'un danger pour nous! Certes, le Chinois ne vaut pas l'Européen, le Chinois d'aujourd'hui ne vaut même rien du tout ; mais devenu soldat ou marin russe, exercé à l'Europeenne sous le bâton d'un officier moscovite, il sera bientôt un idéal du soldat passif, patient et intrépide. On a vu un déta-chement chinois armé à l'Européenne et commandé par des officiers euro-péens, battre, dans toutes les rencontres, des troupes de Taïpings vingt fois supérieures en nombre.

Les insurgés polonais ont déjà remarqué dans les bataillons russes des soldats jaunes qui ne diffèrent que par la couleur des autres soldats, et dont l'aptitude fait l'admiration de leurs officiers.

La conquête de la Chine est une affaire décidée ; le gouvernement de Saint-Pétersbourg n'attend plus qu'une occasion favorable, par exemple une révolution ou une guerre en Europe. Et l'Europe apprendra avec stupeur que son voisin, qui depuis un siècle pèse si fatalement sur ses destinés, est devenu maître de la moitié de l'espèce humaine, et qu'une résistance aux volontés d'un tel monarque, est peut-être impossible. Quant aux chemins de fer, aux bateaux à vapeur, aux télégraphes électriques et autres inventions modernes,

que beaucoup regardent comme autant de boucliers impénétrables de la ci
vilisation, ils serviront longtemps la puissance opposée, comme déjà la
poudre et l'imprimerie ont merveilleusement favorisé les dessins des czars,
sans élever le peuple moscovite. Au contraire, l'imprimerie, cette invention la
plus grande de toutes, a servi aux czars à tromper l'Europe et le peuple
moscovite lui-même sur son origine, sa morale, son histoire et les intentions
de ses maîtres.

En suivant les progrès de la Russie depuis 1856, nous ne pouvons pas passer
sous silence *la régularisation* de la question polonaise, c'est-à-dire, la destruction de la plus grande partie des forces défensives que la nation polonaise avait conservées après un siècle d'oppression. Nous ne connaissons pas
encore tous les secrets de ce drame terrible ; mais nous avons lieu de croire
que le cabinet de Saint-Pétersbourg n'a pas été pour rien dans les encoura-
gements qui ont poussé les Polonais à une lutte plus que téméraire.

A-t-il eu des complices ?

Comment cet événement si grave pour l'Europe a-t-il pu s'accomplir ? Nous
n'en savons rien. Nous voyons seulement que la Russie a gagné une grande
bataille sans sacrifices, presque sans efforts, et que dans cette bataille qu'elle
a laissé durer dix-huit mois, les meilleures forces de la nation polonaise ont
été abattues pour longtemps.

Récapitulons tous les progrès réels accomplis par la Russie depuis 1856,
en laissant de côté les progrès fictifs destinés à cacher les premiers à l'Europe.

Conquêtes dans le Caucase environ 2,400 milles carrés, avec environ
600,000 habitants ; dans le Turkestan, 10,000 milles carrés, avec environ
5,000,000 d'habitants ; en Chine, 22 à 28,000 milles carrés, avec environ
10,000,000 habitants. Total environ 34 à 40,000 milles carrés, avec environ
15,000,000 d'habitants.

Ajoutons à cela une nouvelle flotte à vapeur dans la mer Noire, une ma-
gnifique flotte dans la mer du Japon, une nombreuse flotte cuirassée dans la
mer Baltique, plusieurs ports fortifiés, l'armée réorganisée, l'introduction du
canon et du fusil rayés sur une large échelle, l'écrasement des forces
vitales de la Pologne.

Ainsi les progrès de diverse nature accomplis pendant le cours du règne
en apparence si modeste d'Alexandre II, laissent loin derrière eux tous ceux
d'un développement exceptionnel que la Russie avait fait depuis le commencement de ce siècle. Il y a, au point de vue de force matérielle, une incontestable puissance dans la politique de cet État qui au sortir d'une guerre
contre la moitié de l'Europe, voit, dans un espace de huit ans, sa population portée de soixante-quatorze à quatre-vingt-dix millions, son
territoire agrandi par des pays fertiles, arrosés de grands fleuves et possé-
dant d'énormes richesses minérales, son armée réorganisée, sa flotte en
Europe reconstituée et plus puissante que jamais, de nouveaux et magnifiques ports, de nouvelles forteresses et une flotte émergeant en Asie comme
par miracle.

Tous ces grands résultats amenés, en dernier lieu, par les hommes qui
dirigent les destinées de l'empire de Russie, ont d'autant plus droit d'éveiller
l'attention de l'Europe tout en la pénétrant d'effroi, que le fait même des
entreprises qui les ont eus pour but a pu rester longtemps enveloppé dans un
profond mystère.

IV

Avant de parler de notre vieille Europe, jetons un coup d'œil sur les événements qui se passent depuis quelques années dans le nouveau monde,
l'influence de ces événements sur les destinées de notre partie du globe, peut
être d'un jour à l'autre d'une gravité immense.

La république des Etats-Unis du Nord consomme à peine sa délivrance
qu'elle montre cet esprit de conquêtes si commun à tous les Etats jeunes et
forts. Pas assez puissante pour conquérir le Canada ou Cuba, elle attaque ses
voisins faibles et force presque la moitié du Mexique à entrer dans l'union.

Le développement des Etats-Unis a quelque chose de merveilleux et est
aidé par la position de l'Europe. Des millions de colons viennent grossir sa
population, laquelle dépasse aujourd'hui celle de la Grande-Bretagne. Cet
accroissement de forces a donné, à part d'une fierté nationale, la conviction à
la nation américaine qu'elle est prédestinée à dominer le nouveau monde, où
à part les Etats du Nord, on ne trouve que des États faibles plongés dans une
anarchie perpétuelle, et incapables de résister moralement ni matériellement
à l'influence des Etats-Unis.

A cette domination s'oppose un seul obstacle puissant et sérieux, c'est
l'intérêt de l'Europe d'empêcher la formation d'une seule et dangereuse
puissance dans le nouveau monde.

Toute la haine des Yankees se tourne donc depuis longtemps contre l'influence européenne; la doctrine Monroé si hostile aux intérêts européens
et si dangereuse dans ses conséquences pour les peuples latins d'Amérique est l'expression la plus vive et la plus vraie du sentiment national aux
États-Unis du Nord.

L'exécution de cette doctrine a été, avant la guerre civile actuelle, assez
éloignée. Les Américains du Nord n'ont pas eu, à cette époque, la connaissance de leurs forces maritimes et militaires. Ils se sont bien gardés de provoquer une guerre avec l'une des deux grandes puissances maritimes de
l'Europe. Ils nous semble qu'aujourd'hui leurs idées doivent être totalement
changées.

La différence des intérêts entre les États du Nord et du Sud de la fédération américaine a paru conjurer pour longtemps, sinon pour toujours, les
périls que pouvaient courir les intérêts européens et l'indépendance des
États latins d'Amérique.

Les États-Unis se partagent en deux camps, et une guerre rare par son
acharnement et sa grandeur commence.

Les États du Sud, les moins puissants, invoquent leur droit; leur droit est leur souveraineté. L'Europe leur refuse de reconnaître ce droit. C'est à peine si elle ne les traite pas comme des rebelles et des pirates, c'est avec difficulté qu'elle leur reconnaît le titre de belligérants. Et pourtant l'Europe avait non-seulement le droit, mais l'intérêt le plus puissant, le devoir international de reconnaître la légalité de la confédération du Sud.

On a pu croire un moment que les puissances européennes comprenant leurs intérêts, se décideraient à les sauvegarder. Une expédition franco-anglo-espagnole part pour le Mexique. On avait droit d'espérer que la solution de la question du Mexique ne serait pas l'unique but d'une aussi formidable alliance, et que la solution de la grande question américaine, dans le sens du droit international, serait le résultat définitif. Hélas! la défection de l'Angleterre, et, à son exemple, celle de l'Espagne, a détruit cette espérance.

Les conséquences de cette défection ont déjà fait souffrir cruellement la dignité et les intérêts de l'Espagne, le tour de l'Angleterre viendra peut-être bientôt et dans des proportions autrement considérables.

Cette défection a principalement empêché la reconnaissance des États du Sud. La reconnaissance des États confédérés au commencement de la lutte, et, en cas de besoin, un faible appui matériel aurait sans doute fait cesser les hostilités, et la confédération serait aujourd'hui attachée par des liens de reconnaissance et des intérêts à l'Europe. Les États du Nord étaient à cette époque-là, relativement très-faibles. Leur armée, leur flotte ont commencé à peine leur développement. La longue durée de la guerre a changé tout cela. Les États-Unis possèdent aujourd'hui des armées immenses et aguerries, des flottes nombreuses et formidables, et pouvant défier l'attaque des forces réunies de l'Europe entière.

En face de cette dernière, on peut présumer que les États du Sud, cruellement éprouvés et blessés par l'indifférence et le manque de bonne foi de l'Europe, se réuniront avec ceux du Nord sur la base politique de la doctrine Monroé.

Il est à présumer que le cabinet de Washington profitera de la réunion des immenses forces de terre et de mer pour faire triompher la doctrine Monroé et pour se débarrasser de la surveillance des puissances européennes en Amérique.

L'opinion publique dans beaucoup des États latins d'Amérique qui ont été si maladroitement blessés par les procédés de l'Espagne et du Brésil, sera pour les Américains du Nord.

Peu d'hommes de ces contrées comprennent que la fin de l'influence européenne est aussi le commencement de la perte de leur indépendance. Les États, qui ont des possessions considérables en Amérique, comme l'Espagne et la Grande-Bretagne, seront, à notre avis, les premiers qui seront directement menacés par les États-Unis.

L'opinion publique en Europe a été dans la question des États-Unis, comme dans la plupart de ses propres questions, partagée en deux camps.

Le parti conservateur a vu avec une certaine satisfaction l'affaiblissement de la grande République, et ses vœux ont été pour le Sud; le parti libéral, prenant la question au même point de vue, a toujours souhaité la victoire au Nord. On n'a pas envisagé cette question au point de vue de la haute politique, de l'avenir et des intérêts des États aussi bien que ceux des peuples de l'Europe et de l'Amérique.

On s'est laissé entraîner plutôt par la sympathie ou l'antipathie de ses opinions politiques. La question d'émancipation des esclaves a donné à l'opinion libérale un certain cachet de moralité qui n'a pas peu nui à la cause du Sud.

Il y a une certaine analogie entre l'émancipation des serfs en Russie et celle des esclaves en Amérique.

Nous ne savons pas qui des premiers ou des seconds seront plus satisfaits de la protection qu'on leur accorde. Mais, à notre avis, la tendresse du cabinet de Saint-Pétersbourg pour les serfs et celle du cabinet de Washington pour les nègres, cache leur véritable but politique, qui est la conquête et la domination!

Nous avons donné un rapide aperçu du développement des forces des deux antagonistes naturels de l'Europe depuis 1856. Sans faire des suppositions, nous avons montré des pays conquis, des peuples subjugués, des forteresses, des ports militaires, des armées, des flottes, qui n'existaient pas il y a huit ans, nouvellement créés.

Jetons à present nos yeux sur l'Europe, et passons brièvement en revue les principaux événements qui s'y sont accomplis depuis le traité de Paris.

Commençons par l'empire ottoman.

Vers la fin de la guerre d'Orient, cet empire se trouvait sans armée, sans flotte, avec les finances dans un désordre inexprimable ; poussé par les puissances occidentales vers des réformes souvent incompatibles avec son existence, ballotté entre les exigences de ses populations chrétiennes et des populations mahométanes, qui ne veulent pas abdiquer leur domination sur les premières, faisant face, comme il peut, à toutes ces exigences ordinairement incompatibles les unes aux autres, cet empire existe et végète par la force des circonstances ; son gouvernement, ni européen, ni asiatique, se défie également de la Russie et de l'Europe, et se trouve dans une position où la passivité est peut-être le seul moyen de traîner une existence menacée par l'esprit du temps aussi bien que par la convoitise de ses voisins.

Les populations orthodoxes de cet empire, les Slaves et les Grecs subissent à peu près généralement l'influence de la Russie. Une partie de cet empire, les principautés de la Valachie et de la Moldavie, ont peut-être seules profité de la dernière guerre d'Orient. Grâce aux efforts de la France, ces principautés sont réunies en un seul État, faible, à la vérité, mais pouvant avoir un avenir et formant une barrière morale, une espèce d'avant-garde de la race arya contre le midi de l'empire moscovite.

La Grèce nous présente le spectacle d'un peuple qui se sent mal à l'aise en voyant sa plus grande partie hors des frontières de son État. On fait un crime au roi Othon de ne pouvoir faire l'impossible; on le force d'abdiquer pour tomber dans un état voisin de l'anarchie.

L'intervention morale de l'Europe, l'élection d'un prince adolescent, qui sera peut-être plus sujet aux influences russes que son prédécesseur, mais qui, sans doute, ne fera pas plus pour la Grèce, apaise pour le moment l'agitation. Un spectacle inattendu est donné au monde. La Grande-Bretagne abdique le protectorat des îles Ioniennes en faveur du nouveau souverain en pensant gagner plus par l'influence morale sur toute la Grèce que par la possession d'une position stratégique.

La Grèce a, en somme, depuis 1856, gagné en population et en territoire.

L'Italie a été depuis 1856 le champ des événements les plus graves qui se sont passés en Europe. Dans notre opinion, l'unité de l'Italie est un grand avantage matériel et moral.

Nous respectons le malheur qui a frappé les quatre familles régnantes en Italie, mais nous regardons la tranquillité et la sécurité de l'Europe comme un intérêt plus puissant que la légitimité de la royauté.

Il y a encore une autre question de haute importance et qui deviendra peut-être un droit européen, c'est que l'occupation de plusieurs trônes par une même famille nuit à l'harmonie et à l'équilibre des États européens; or, la maison de Bourbon a occupé quatre trônes en Europe, il lui reste encore le beau trône d'Espagne. La maison de Hapsbourg a régné en Toscane et Modène, les Wittelsbach, en Bavière et Grèce, et ce sont précisément ces maisons qui ont le plus souffert des orages qui renversent les trônes. Que les Bourbons se concentrent autour du trône d'Espagne, comme les Hapsbourg autour du trône d'Autriche, et leurs familles trouveront plus de sécurité pour elles-mêmes, et rendront un grand et noble service à la tranquillité de l'Europe.

Dans la formation du royaume d'Italie, nous voyons avec un profond regret que la conquête de la Vénétie n'a pas suivi la victoire de Solférino. Cette conquête aurait été avantageuse, non-seulement pour l'Italie, mais même pour l'Autriche. Cette dernière, en perdant la Vénétie, aurait pu devenir un bon voisin et même une alliée pour l'Italie et la France. Au contraire, n'en pouvant être débarrassé que par une nouvelle défaite, une victoire de sa part, mettant l'existence même du royaume d'Italie en question, l'Autriche, aussi bien que l'Italie et la France sont forcées de rester arme au bras, et, la première, la plus faible, doit en conséquence subir l'influence du cabinet de Saint-Pétersbourg.

Une question d'une haute importance encore, c'est la revendication de Rome par le nouveau royaume d'Italie et, en conséquence, l'abolition de la souveraineté du Pape. Nous reviendrons plus tard sur cette question, également dangereuse pour la papauté et pour l'Italie.

Ces deux grandes difficultés à part, un progrès immense s'est accompli en Italie, mais la question de la péninsule est encore loin d'être définitivement résolue et ne présente pas encore cette stabilité et cette sécurité qui sont dans l'intérêt de l'Europe.

L'Espagne, qui a, pendant la guerre de Maroc, quelques jours de gloire, commence depuis ce temps à suivre une politique déplorable. Sa défection isole la France dans le Mexique, le désir de la conquête la pousse dans une lutte sanglante et stérile à Saint-Domingue, elle entre en hostilité avec le Pérou et une grande partie des républiques espagnoles en Amérique. Non-seulement elle se prépare des orages pour l'avenir, qui pourront hâter la perte de ses dernières possessions, mais elle pousse encore, par sa politique inconsidérée, les républiques espagnoles à chercher un abri sous la protection de leur puissante sœur du Nord.

L'état intérieur du royaume n'est guère plus satisfaisant. Seul entre tous, le gouvernement espagnol, lutte contre les institutions et les lois qui sont devenus des droits publics en Europe. Le mécontentement du peuple se développe d'une manière inquiétante, et il ne serait pas impossible que nous voyions dans peu de temps ces États le théâtre de l'une de ces catastrophes qui renversent les dynasties et bouleversent la société.

Le royaume de Portugal ne présente pas de changements notables depuis 1856. Le progrès calme et tranquille de ce royaume pourrait être d'un bon exemple pour sa voisine plus puissante, l'Espagne.

Ayant parcouru rapidement les États du midi de l'Europe, jetons maintenant un coup d'œil sur les États du Nord.

Les royaumes unis de la Suède et de la Norwége jouissent depuis un demi-siècle d'une paix profonde et d'une grande liberté civile. Le seul inconvenient de cette longue paix a été que ces États ont négligé d'une manière déplorable leurs forces militaires et maritimes. Si on ne voyait que les almanachs, on serait tranquillisé sur la force défensive de ces royaumes du Nord si nécessaire à cause de leur dangereux voisinage. Mais en réalité ils se trouvent presque désarmés. L'armée demande un armement nouveau, une réorganisation tout entière, la flotte est presque entièrement à construire pour pouvoir figurer dans un combat naval.

La position de ces Etats vis-à-vis de la Russie exige impérieusement que leur gouvernement soit mieux préparé pour défendre leur indépendance, qui, peut être un jour sérieusement menacée.

Le royaume de Danemark est, malgré la grande disproportion de la population, mieux préparé pour la défense que ses voisins du Nord. Son armée, sa flotte sont mieux organisées et la dernière plus nombreuse et plus sérieuse. Certes, ce pays n'a pas pu lutter contre des forces vingt fois supérieures et il sort d'une douloureuse épreuve.

Nous regardons la perte de la domination des Allemands par le Danemark comme juste, mais l'incorporation des Danois à l'Allemagne comme une violation du droit international.

Nous n'avons pas pu comprendre pourquoi ce faible État a soutenu pendant plusieurs mois une lutte sans espérance.

Est-ce que l'honneur du Danemark y a gagné, parce que 10 à 12,000 jeunes gens ont été tués des deux côtés ?

Les forts ont encore une fois abusé de leur puissance. Encore une fois dans la délimitation des frontières, le droit du plus fort tient la place de la justice.

En Belgique, en Hollande et en Suisse, les huit dernières années n'ont apporté aucun changement notable, et ces États vivent heureux et tranquilles sous leurs gouvernements libéraux. Nous nous plaisons à constater que leurs forces défensives sont nombreuses et bien organisées.

Les États de la fédération allemande (nous parlerons plus tard de l'Autriche et de la Prusse) présentent toujours le même spectacle. L'Allemagne partagée en 32 États souverains exerce, par sa passivité même, une influence funeste sur la politique européenne. Il est vraiment étrange que l'Europe (excepté la Russie et la Turquie) ayant environ deux cent millions d'habitants soit représentée par quatorze États ; tandis qu'une partie de l'Allemagne ayant environ dix-sept millions d'âmes est représentée par trente-deux États souverains.

Cette anomalie prêterait à la plaisanterie, si elle ne cachait pas des maux et des dangers, qui jusqu'ici n'ont pas été suffisamment examinés. Ces États, n'ayant pas la force et les conditions pour vivre de leur propre vie, sont incessamment ballottés entre l'influence et les intérêts de l'Autriche et de la Prusse. En conséquence, ils subissent et même beaucoup plus que les premiers, l'influence de la Russie. Cette multitude de princes, jaloux de leur ombre de souveraineté, est l'avant-garde la plus utile de la Russie. Non-seulement, une notable partie d'entre eux est liée par des liens de famille à la maison régnante de Russie, mais encore beaucoup entrent directement au service du czar. Une démoralisation scandaleuse découle souvent de ces rapports. On voit, par exemple, sans être choqué, beaucoup de princesses allemandes qui, destinées à devenir femmes du czar ou des grands-ducs, sont élevées dans l'idée du changement de religion. Les intérêts de la plupart de ces petits souverains sont directement liés à ceux de la famille régnante de Russie, aussi l'influence de cette dernière sur eux n'a pas de bornes. Le centre de l'Europe est donc, grâce à l'existence de ces États, sous l'influence du cabinet de Saint-Pétersbourg et il est certain que cette influence ne cessera qu'avec l'existence de ces États.

Les Allemands au service de la Russie, servent mais ne dirigent pas la politique moscovite.

Nous avons connu des Allemands qui nous ont dit avec fierté, que ce sont eux qui dirigent l'empire moscovite. Quand Priscous a visité le roi des Huns Attila, sur les bords du Danube, il a trouvé des milliers de Grecs et de Romains dans le camp du fléau de Dieu. Ils ont été traités avec honneur, comblés de trésors, heureux et fiers de ce service monstrueux. En revanche on leur faisait fabriquer des armes, des engins de guerre, et préparer au combat les hordes des Huns. Peut-être aussi ces gens-là ont-ils pensé que c'était eux qui dirigeaient les barbares, tandis qu'ils n'étaient, que les instruments dans les mains de ces derniers, comme les Allemands dans la main des Moscovites. Le czar cache soigneusement devant le peuple son origine allemande et aucun crime n'est puni plus rigoureusement que l'affirmation de l'origine allemande de la famille du czar.

La Prusse, restée indifférente pendant la guerre d'Orient et d'Italie, commence dans les dernières années à déployer plus d'activité politique. Un ministre hardi et d'un talent incontestable, répond aux aspirations allemandes, en arrachant des provinces allemandes à la domination danoise. Mais de ce moment l'éternelle question du Sleswig-Holstein entre dans une phase nouvelle. La Prusse désire l'acquisition des principautés, les Etats allemands protestent à hauts cris, en voyant justement dans cette incorporation une menace contre leurs propres droits. L'Autriche les soutient; le peuple allemand, au lieu d'applaudir à l'agrandissement d'une puissance allemande, accepte aveuglément le morcellement éternel de sa patrie.

Une autre difficulté, la position presque hostile de la Chambre ajoute, aux embarras du gouvernement.

Ne pouvant pas compter sur l'Angleterre, se méfiant de la France, ne pouvant tirer de l'alliance de l'Autriche les avantages qu'elle désire, la Prusse tombe fatalement sous l'influence russe qui a été toujours puissante à Berlin. La Russie, qui certes ne désire rien moins qu'un agrandissement de la Prusse, a, vis-à-vis des antagonismes et des embarras de Vienne, et de Berlin un jeu facile.

L'Autriche se trouve en 1856 dans une position relativement favorable et a presque reconquis le prestige de son ancienne puissance, Mais en 1859 ce prestige reçoit un choc formidable. La perte de la Lombardie a été encore moins sensible pour l'empire que les conséquences de la guerre. Ses finances, qui ont à peine commencé à se relever, tombaient de nouveau dans le désordre; les diverses nationalités dont cet État est composé commencent à relever la tête et à formuler des prétentions qui ne peuvent, dans les circonstances actuelles, leur être accordées, sans la dislocation complète de l'empire.

La possession de la Vénétie tient l'Autriche dans une hostilité presque déclarée envers l'Italie. La Hongrie boude et attend le moment, pour profiter de la faiblesse de l'empire. Les Slaves qui forment presque la moitié de la population sont sourdement agités et tournent pour la plupart les yeux vers le Nord.

Toutes ces difficultés forcent l'Autriche à chercher de nouveau abri et alliance chez la Russie qui seule peut soutenir son existence, jusqu'au jour où une grande partie de ces États sera préparée pour être incorporée dans l'empire des czars.

Depuis 1856 nous voyons un seul gouvernement en Europe, celui de la France dont la politique a eu en vue l'indépendance et la sécurité de notre partie du monde. Jamais un État n'a pris la politique d'un si haut point de vue que la France dans les dernières années. On peut dire avec vérité qu'elle a été seule à lutter contre les dangers qui menaçaient l'Europe, et de la part de la Russie et de la part de l'Amérique du Nord.

Par son influence, il se forme un État sur les bords du Danube. Avec l'appui de ses armes, l'influence de l'Autriche est détruite en Italie, son égide couvre la formation du nouveau royaume qui en rassemblant les forces éparses de la Péninsule ajoute beaucoup à la puissance de l'Europe. Elle protége les chrétiens en Syrie et appuie un des plus grands et des plus utiles travaux, le percement de l'isthme de Suez.

La Russie égorge une ancienne et noble nation devant l'Europe impassible. La France invite l'Europe entière à prendre part pour la Pologne et un spectacle rare s'ensuit. Des notes de presque tous les cabinets de l'Europe arrivent à Saint-Pétersbourg. Ne pouvant pas, grâce à l'apathie de l'Europe et surtout grâce à la mauvaise foi du cabinet de Saint-James, obtenir un secours matériel pour la Pologne, ne pouvant pas se lancer seule dans une guerre impossible, ce succès moral sera toujours à l'honneur de la politique moderne de la France.

En Asie, nous voyons la France avec l'Angleterre ouvrir ce vieil empire chinois au commerce et qui plus est à la politique européenne. Grâce à expédition de la Chine, la Russie ne reste pas seule maîtresse de la situation, elle est au moins surveillée par des légations européennes.

Les établissements de la Cochinchine seront d'un grand poids pour les intérêts européens en Asie.

Comprenant tout l'intérêt que l'avenir de l'Europe a dans la conservation de l'indépendance des États latins d'Amérique, la France fait tous les sacrifices pour créer au Mexique une puissance propre à résister à l'envahissement des Yankees.

Tel est le court résumé de la politique française depuis huit années. Seul peut-être entre tous, le gouvernement français a compris la haute politique, celle de l'avenir, et il l'a suivie avec sagesse, persévérance et une rare loyauté.

Nous finirons cette revue politique par la Grande-Bretagne. Immédiatement après la guerre d'Orient, des difficultés immenses surgissent pour cet État. La valeur de ses troupes et l'habileté de ses employés triomphent de l'insurrection des Indes. La guerre avec la Perse finit nécessairement à l'avantage de l'Angleterre.

Dans ces deux événements, beaucoup ont voulu voir la main de la Russie excitant les passions asiatiques contre l'Angleterre. Il est difficile de se prononcer sur ce sujet. Nous ne pouvons seulement comprendre pourquoi le gouvernement anglais, au lieu de conserver une influence amicale en Perse, force ce pays à subir de plus en plus l'influence moscovite.

Pendant et après la guerre d'Italie, le cabinet de Saint-James a joué un rôle vraiment étrange. Refusant brutalement son concours pendant la guerre, l'Angleterre accourt après la victoire et tâche, par tous les moyens, d'affaiblir et de supplanter l'alliance française. Elle refuse de suivre la France dans la question de la Pologne. Elle excite le faible royaume de Danemark à une résistance impossible, l'abandonne au bon plaisir de ses vainqueurs, et se montre de nouveau pour embrouiller encore plus la question du Sleswig-Holstein. Elle suit la France au Mexique pour l'abandonner au moment décisif. Elle encourage les États confédérés, leur ouvre ses ports, leur vend très-cher des vaisseaux, des armes, des munitions; mais elle refuse d'intervenir efficacement et se trouve, au bout de la guerre, comme objet de haine et de mépris pour les fédéraux aussi bien que pour les confédérés.

La Russie renverse et occupe les principaux boulevards, qui ont si longtemps empêché sa marche vers Constantinople et vers les Indes; le gouvernement anglais reste impassible; la Russie s'empare des pays appartenant à la Chine et au Japon, et jette dans ces parages des fondements d'une puissance redoutable; le gouvernement anglais ne s'émeut pas et affaiblit encore, par des tracasseries et des combats, les gouvernements de ces empires.

Le spectre d'une invasion française semble absorber l'attention entière du cabinet anglais. On arme les ports, on augmente la flotte, on appelle deux cent mille volontaires pour repousser ce danger imaginaire. La Russie fait la conquête de territoires immenses avec des populations nombreuses; l'Angleterre ne trouve pas un mot pour protester. Mais si la France réunit pour prix de son sang quelques chétifs départements français à l'Empire, on jette les hauts cris; on voit l'équilibre européen détruit, la Grande-Bretagne en danger.

N'ayant pas le moindre soupçon envers la Russie, le cabinet de Saint-

James réserve toutes ses défiances pour son alliée d'hier; il la suit partout, en Syrie, en Égypte, Tunis, Madagascar, le Mexique, la Cochinchine, et jusque dans les petites îles de l'Océanie.

Partout, il combat avec acharnement les plus nobles aspirations, les plus utiles, souvent même les plus désintéressées de la France.

Lord Palmerston, cette personnification de la politique actuelle de l'Angleterre, qui mène l'opinion publique et le parlement à la baguette, a inventé un moyen ingénieux pour détourner l'attention de son pays des dangers réels qui le menacent de la part de la Russie et des États-Unis, en la fixant sur un danger imaginaire, l'invasion française. Le noble lord a trouvé toujours si peu de peine à persuader au parlement tout ce qu'il a voulu, que, lorsque dans les derniers temps, plusieurs membres ont voulu s'émouvoir du danger inévitable que court la sécurité du Canada, il a fait une réponse qui tourne à la plaisanterie.

Lord Palmerston ne nie pas le danger; il ne voit pas trop la possibilité de défendre le Canada. Mais le noble lord est si persuadé de l'attachement filial des Yankees pour l'Angleterre, qu'il est sûr que la pensée de faire du mal à la mère patrie est bien loin de leur esprit.

Et cette réponse n'a provoqué ni rires ni réclamations au sein de ce digne et docile parlement qui abandonne depuis longtemps la peine de penser à son premier ministre.

Nous trouvons une certaine analogie entre les manœuvres politiques du czar, du président des États-Unis et du premier ministre anglais.

Le premier occupe l'opinion publique par l'émancipation des serfs, le second par l'affranchissement des nègres, le troisième par l'armement des volontaires contre la France, seulement les deux premiers servent leur propre intérêt; tandis que lord Palmerston en suivant son incompréhensible politique sert les intérêts moscovites et yankees au détriment de ceux de l'Europe et de la Grande-Bretagne.

Tel est le court résumé de la position politique des divers États de l'Europe comme nous la jugeons de notre point de vue. En vérité, elle n'est pas très-favorable.

Ajoutons encore la défiance mutuelle des divers gouvernements entre-eux; la différence d'une foule d'intérêts secondaires qui les occupent exclusivement, aucune idée bien arrêtée pour l'avenir; l'ignorance des hommes d'État sur la probabilité même des événements qui peuvent avoir lieu demain.

Ajoutons le trouble des consciences, l'affaiblissement moral en matière religieuse et politique, un matérialisme égoïste et effréné.

Ajoutons la division de l'Europe en deux camps, conservateurs ou réactionnaires et libéraux ou révolutionnaires, les efforts des premiers d'arrêter tout progrès, des seconds de renverser tout, bon ou mauvais.

Ajoutons la défiance de la plupart des gouvernements envers les gouvernés et réciproquement; la profonde scission qui règne dans divers États surtout au centre de l'Europe entre les aspirations des peuples et les tendances des gouvernements; un malaise général parmi tous les hommes politiques sans distinction de nationalité ou d'opinion politique, et nous trouverons que la position actuelle de l'Europe est loin d'être rassurante.

Et quand nous voyons, dans le Nord, un jeune colosse grandissant à vue d'œil et de l'autre côté de l'Atlantique, un autre antagoniste non moins résolu et presque aussi puissant, guettant le moment pour profiter de notre faiblesse et de nos discordes, qu'il ne cesse d'alimenter par tous les moyens, il est permis d'être saisi d'une légitime inquiétude pour l'avenir de notre race.

VI

Depuis quelque temps on commence, en Angleterre, à avoir de sérieuses inquiétudes sur la politique que suivra le cabinet de Washington après le rétablissement de l'Union. Ces craintes sont éveillées par l'attitude presque ouvertement hostile de la presse américaine et douteuse de plusieurs membres du conseil de M. Johnson. On a beau faire, se boucher les oreilles et fermer les yeux, le langage de l'Amérique est assez explicite pour faire réfléchir les plus optimistes.

Quant au danger qui pourrait menacer l'Angleterre du côté de la Russie, on n'y pense même pas; la presse moscovite ne dit rien et il n'entre pas dans les habitudes du cabinet de Saint-Pétersbourg de menacer, au contraire, la sagesse orientale consiste à caresser celui qu'on veut frapper.

Après la conclusion de la paix et le rétablissement de l'union, le gouvernement de Washington se trouvera à la tête d'une armée immense et d'une flotte formidable.

Plusieurs considérations lui feront désirer d'utiliser ses forces. La première est de se débarrasser de la surveillance de l'Europe et de faire triompher le principe de la politique nationale, la doctrine Monroé.

Le cabinet de Washington a dû trembler, depuis quatre ans plus d'une fois, devant la possibilité d'une intervention européenne, pour ne pas profiter de ses forces actuelles afin de se mettre pour toujours à l'abri d'une crainte pareille.

La seconde considération est la nécessité de faire oublier aux diverses parties de l'Amérique du Nord leur haines récentes, et on sait par expérience qu'un commun champ de bataille contre un ennemi étranger en est le meilleur remède.

La troisième considération est que, pendant une guerre étrangère, les dissentiments entre les divers États de l'union, qui pourraient même provoquer une seconde guerre civile, seront plus faciles à apaiser, et qu'on pourra au nom de la patrie et de la grandeur des États-Unis, faire appel aux sentiments du peuple américain, avec un succès plus sûr qu'en appelant aux intérêts matériels.

La quatrième considération est la difficulté de licencier une si grande armée. Il y a sans doute une grande partie qui regagnera ses foyers avec bonheur, mais il y a aussi un nombre immense de mercenaires qui se sont habitués à la vie oisive des camps. Si le gouvernement voulait licencier brusquement tous ces corps, il serait bientôt forcé de former une nouvelle armée pour réduire des bandes de brigands qui se formeraient sur toute l'étendue des États-Unis.

La probabilité de la guerre ainsi posée, examinons contre quelle puissance européenne pourront se tourner les armes américaines. Laissons de côté l'Espagne qui ne serait pas pour les États-Unis un ennemi sérieux, et ne pourrait occuper assez les forces américaines. Nous voyons trois alternatives. Ou les

États-Unis attaqueront toutes les possessions européennes, ce qui pourrait entrer dans la tête de M. Johnson, mais ce que ne permettra jamais le sens pratique du peuple américain; ou ils attaqueront les Français au Mexique; ou les Anglais au Canada. Nous ne serons nullement étonnés de voir accourir sous les drapeaux de Juarez, des bandes de volontaires américains. Mais que le gouvernement des États-Unis commence des hostilités contre la France, nous regardons cela comme impossible. Les avantages à remporter ne sont pas assez grands, les pertes pourraient être graves. L'opinion publique dans les États-Unis ne suivrait pas une guerre pareille avec enthousiasme ; l'animosité contre la France n'y est pas trop grande. Au point de vue politique, la guerre contre la France serait une faute énorme. La France ne possède pas le Mexique, ses troupes sont seulement les auxiliaires d'un nouvel empire. La tâche finie, et elle peut l'être bientôt, la France peut se retirer avec honneur, n'étant nullement engagée à défendre éternellement le Mexique contre un ennemi étranger. Le cabinet de Washington a assez de bon sens, pour aimer mieux attendre l'évacuation du Mexique par l'armée française et avoir affaire avec l'empereur Maximilien, plutôt qu'avec l'empereur Napoléon.

Les alternatives citées sont plus qu'improbables, il reste donc aux États-Unis la guerre contre la Grande-Bretagne. Cette guerre présente pour les États-Unis de nombreux avantages et est sans grands périls. Le sentiment national sera aussi tout à fait pour la guerre avec l'Angleterre.

Personne en Angleterre ne se fait l'illusion qu'une guerre contre les États-Unis peut être conduite avec avantage. Les dernières rodomontades de lord Palmerston, qui, après avoir voulu faire de la politique sentimentale, a déclaré que l'honneur national commande la défense du Canada à tout prix, n'abuseront personne, peut-être pas même le parlement. Mais il y a encore une autre question, qu'une guerre avec les États-Unis peut faire surgir, et à laquelle on pense vaguement pour le moment, c'est la question d'Irlande. Lord Palmerston a parlé de la sympathie de famille des Yankees et des Anglais ; mais le noble lord ne doit pas ignorer que la majorité des habitants des États-Unis ne sont pas descendants des Anglais ; elle se compose aussi en grande partie de descendants d'Allemands qui n'ont aucune raison d'avoir de la sympathie pour l'Angleterre, et d'Irlandais, qui l'ont encore moins.

Ce n'est un secret pour personne, et les journaux anglais le répètent à l'envi, que l'Irlande est sillonnée par des comités qui préparent déjà le peuple à l'éventualité d'une guerre entre l'Angleterre et les États-Unis. On sait que les Irlandais et leurs descendants, habitant les États-Unis, ne reculeront devant aucun sacrifice pour venir en aide à leurs frères d'Europe, qui pourront encore compter sur l'appui au moins moral de beaucoup de catholiques.

Dans les péripéties d'une guerre, on ne peut rien prevoir, mais on peut, en comptant les forces engagées, faire des suppositions avec un certain droit. — Or, si les flottes anglaises sont supérieures aux flottes américaines, elles ont ce désavantage qu'elles doivent garder de nombreux postes disséminés, sur toute la surface du globe, ce qui diminue considérablement les forces de combat et les égalise presque avec celles des États-Unis, qui peuvent agir avec tout leur ensemble. Admettons le cas, et dans la guerre rien n'est impossible, que la flotte anglaise subisse un échec, et la sécurité de la Grande-Bretagne même se trouve compromise ; une partie des forces américaines suffit pour se rendre maître du Canada, dans le cas peu probable même, où les Canadiens voudraient défendre avec énergie les droits de la couronne. Une armée formidable peut débarquer sur les côtes d'Irlande, et certes les Irlandais ne la recevront pas à coup de fusil. Tel est donc le danger très-probable pour ne pas dire inévitable du côté des États-Unis, que la politique du premier ministre a préparé pour son pays.

———————

Mais il se présente un autre événement prévu depuis longtemps devant lequel le gouvernement anglais ferme les yeux avec une obstination vraiment incompréhensible, et qui peut bien avoir lieu au même temps que la guerre avec les États-Unis.

C'est une attaque de la Russie contre les possessions anglaises dans l'Inde.

Si nous retournons d'un peu plus d'un demi-siècle en arrière, nous trouvons le plan d'attaque contre les Indes déjà mûri dans la tête du plus grand capitaine des temps modernes. Napoléon Ier a regardé la conquête des Indes sur les Anglais comme possible, malgré tous les obstacles que les circonstances de ces temps ont présentés et qui n'existent pas aujourd'hui pour la Russie. Pour arriver aux Indes, il a fallu envoyer des armées et des matériaux de guerre de la France jusqu'au Caucase, traverser le Caucase insoumis et en armes, passer sur le corps de la Perse hostile et plus puissante qu'à présent, braver la puissance ottomane autrement redoutable qu'aujourd'hui et la laisser sur ses flancs, puis, derrière soi, l'Europe offensée, frémissante, si soumise aux influences anglaises, et abandonner pour longtemps la France, sortie depuis peu de grands bouleversements. Il a fallu faire cette campagne avec la Russie, un allié douteux, sans avoir tous ces moyens que la civilisation prête aux armées modernes. Et malgré tout cela, ce grand homme de guerre a regardé la conquête des Indes comme possible, et ce n'est pas sa faute s'il n'a pas entrepris cette campagne.

Examinons à présent les circonstances actuelles et les forces dont la Russie dispose pour tenter la conquête entrevue par Napoléon Ier. Le Caucase insoumis encore en 1856, est, grâce à l'impassibilité du gouvernement anglais, aujourd'hui entièrement dans les mains du czar. La Perse obéit beaucoup plus à l'influence moscovite qu'à toutes les influences européennes, et sera probablement l'alliée de la Russie. La Porte ottomane ne peut seule faire aucune diversion, ses forces sont plus faibles qu'il y a un demi-siècle.

La marche d'une armée ayant pour base le Caucase est donc aujourd'hui infiniment plus facile qu'elle aurait été dans ce temps.

Pour montrer les moyens que la Russie a depuis longtemps amassés dans le Caucase et qui sont, après la soumission et la destruction des populations belliqueuses de ce pays, entièrement à sa disposition, nous donnons ici la description et la statistique de ces forces militaires, qui sont connues sous la dénomination de « *l'Armée détachée du Caucase.* » Nos données sont basées sur la statistique officielle de 1858. Depuis ce temps, une augmentation considérable a eu lieu.

L'armée du Caucase, dont le quartier général est à Tiflis, se compose de trois espèces de troupes distinctes :

1° *La troupe de ligne.* — Elle est la continuation de la grande armée régulière, avec la seule différence qu'elle est plus aguerrie ;

2° *L'armée cosaque.* — Elle se compose des cosaques du Kouban et du Terek, qui sont organisés de la même manière que les cosaques du Don. Dans un combat séculaire contre les montagnards, ils ont acquis une valeur et une expérience du combat qui les rend beaucoup supérieurs aux derniers ;

3° *Les milices caucasiennes.* — Elles se composent en partie d'une espèce de volontaires, attendu que les peuplades de ce pays ne sont pas encore soumises à la conscription. Les milices ont une organisation toute militaire ; l'armement est, pour l'infanterie, le même que celui de la ligne ; pour la cavalerie, celui des cosaques. Ces troupes sont fournies, pour la plupart, par les peuplades chrétiennes du Caucase.

Voici la statistique de l'armée détachée du Caucase :

TROUPES DE LIGNE

	Bataillons.	Escadrons.	Hommes.
Brigade des grenadiers...................	8	»	8,000
19ᵉ division de ligne.....................	16	»	16,000
20ᵉ division de ligne.....................	16	»	16,000
21ᵉ division de ligne.....................	16	»	16,000
Trois brigades de l'infanterie de la mer Noire.	18	»	18,000
Bataillons nommés Grusiens.............	24	»	24,000
Chasseurs...............................	6	»	6,000
Génie...................................	3	»	3,000
Quatre régiments de dragons.............	»	32	5,000
Artillerie de campagne 240 pièces attelées à 25 hommes par pièce..................	»	»	5,000
Artillerie des forts servant à peu près 1200 p.	»	»	10,000
Troupes de garnison, comp. de discipline.	»	»	15,000
Troupes de l'administration des transports militaires, etc.........................	»	»	3,000
Total. Troupes de ligne............	**107**	**32**	**145,000**

TROUPES COSAQUES

	Bataillons.	Escadrons.	Hommes.
Infanterie des Cosaques du Kouban.......	9	»	9,000
Cavalerie...............................	»	72	7,200
Artillerie à cheval, 32 pièces.............	»	»	800
Infanterie des cosaques du Terek.........	8	»	8,000
Cavalerie...............................	»	144	14,400
Artillerie à cheval avec 48 pièces.........	»	»	1,200

COSAQUES DU DON.

	Bataillons.	Escadrons.	Hommes.
Cavalerie...............................	»	72	7,200
Artillerie à cheval, 16 pièces.............	»	»	400
Total. Troupes cosaques.........	**17**	**288**	**47,400**

MILICES

	Bataillons.	Escadrons.	Hommes.
Infanterie...............................	»	»	28,000
Cavalerie...............................	»	»	6,000
Total. Milices.................	**»**	**»**	**34,000**

RECAPITULATION

	Bataillons.	Escadrons.	Hommes.	pièces de c.
Troupes de ligne...............	107	32	145,000	240
Cosaques.....................	17	288	47,400	96
Milices....................	»	»	34,000	»
Total...................	124	320	226,400	336

Les bataillons de la ligne étant rarement au complet, l'armée du Caucase nous présente, dans les circonstances ordinaires, au moins 200,000 hommes d'effectif avec 336 bouches à feu. En temps de guerre, outre que toutes ces troupes sont au grand complet, les réserves de la ligne se composent de 2 bataillons et de 2 escadrons par régiment, c'est-à-dire que la ligne est augmentée de 28 bataillons et de 8 escadrons. La population cosaque, forte environ de 800,000 âmes, peut mettre le double de son actif sous les armes. Les milices peuvent être considérablement augmentées. A ces forces on peut ajouter les contingents des pays du Daghestan, du Koumouk, du Lesghistan et de l'Avarie, peuples nouvellement soumis. Les peuplades de ces contrées, avides des émotions de guerre, des aventures et du pillage, suivront avec bonheur le drapeau russe dans les expéditions les plus lointaines. Quand nous supposons que la Russie peut porter l'effectif de son armée du Caucase à 300,000 hommes, nous sommes plutôt au-dessous qu'au-dessus de la vérité. Une force de 100,000 hommes est non-seulement suffisante pour faire la police du pays, mais aussi pour le défendre contre une attaque de la Turquie, si par miracle cette dernière voulait hasarder une guerre pour l'Angleterre et risquer la perte de l'Anatolie ou peut-être de Constantinople même. 200,000 hommes avec 300 pièces de campagne sont donc disponibles pour attaquer l'Inde.

Mais l'armée du Caucase n'est pas la seule qui peut être mise en mouvement vers les possessions anglaises de l'Inde. Nous avons vu quels progrès la Russie a faits dans le Turkestan, nous avons constaté que les sentinelles cosaques sont à dix journées de marche des sentinelles anglaises. Il nous reste donc à passer en revue les forces dont le czar dispose dans ces contrées et qui sont connues sous le nom de « *corps d'Orenbourg.* » Aussi bien que l'armée du Caucase, le corps d'Orenbourg se compose de troupes de ligne, de cosaques et de contingents fournis par différentes peuplades, tels que les Kirghises, les Kalmouks et les Turcomans.

TROUPES DE LIGNE

22e division d'infanterie........	16	»	16,000	»
23e division d'infanterie........	16	»	16,000	»
64 pièces de campagne...........	»	»	1,600	
Troupes de garnison, artillerie des forts, administration...........	»	»	2,000	
Total des troupes de ligne...	32	»	35,600	

TROUPES COSAQUES

	Bataillons.	Escadrons.	Hommes.	pièces.
Cosaques de l'Oural.............	4	108	15,200	16
Cosaques du Baïkal.............	1	9	2,100	8
Cosaques Baschkires......	»	600	60,800	32
Contingent cavalerie.......... ...	»	»	15,000	»
Total du corps d'Orenbourg.	37	717	129,700	120

Le corps d'Orenbourg, en laissant derrière lui des garnisons suffisantes, renforcées au besoin par les réserves de la ligne et des cosaques, peut s'avancer vers les Indes avec une force de 100,000 hommes, dont les deux tiers cavaliers cosaques et irréguliers avec 120 pièces de campagne, et peut se heurter contre les troupes anglaises en dix ou quinze jours. La Russie est donc aujourd'hui en état de faire marcher une armée de 300,000 hommes, dont les deux tiers de troupes régulières et un tiers de cavaliers aguerris, bien organisés et comme nés pour ce genre d'expédition contre les possessions anglaises dans les Indes, sans affaiblir son armée d'Europe d'un seul homme et sans compromettre la possession du Caucase ou du Turkestan. Nous donnons cette revue des forces moscovites presque entièrement d'après les données officielles, et nous la croyons plutôt plus faible qu'exagérée.

Quand on nous demandera si nous croyons à l'attaque immédiate des Indes par les troupes du czar, nous répondrons que non. La Russie sait attendre, elle a reçu une bonne leçon et elle nous donne depuis des preuves très-sérieuses qu'elle en sait profiter. Elle poursuivra donc avec calme ses nouvelles conquêtes en Asie, affermira les anciennes, augmentera ses forces offensives et attendra le moment où elle pourra agir en sûreté.

Mais des circonstances peuvent surgir où, sous peine de commettre une grande faute politique et de compromettre ses intérêts, elle sera forcée d'agir immédiatement. Une des circonstances est un embarras sérieux pour l'Angleterre, par exemple, une nouvelle insurrection dans l'Inde, ou une guerre avec une grande puissance, avec la France où les Etats-Unis. Une insurrection sérieuse ne paraît pas menacer, pour le moment, les Indes. — Une guerre avec la France est, malgré tout le tapage que l'on fait de l'autre côté de la Manche. un cauchemar qui ne deviendra jamais une réalité; mais une guerre avec les Etats-Unis peut surgir d'un moment à l'autre.

La Russie restera-t-elle calme spectatrice d'un tel événement? Nous ne le croyons pas. Jamais il ne pourrait se présenter pour elle un moment plus favorable. Que le rétablissement définitif de l'Union soit le signal de l'envahissement du Canada, c'est ce que nous regardons comme très-probable; mais que l'envahissement du Canada le soit de l'attaque des Indes par les Russes, nous en sommes persuadés. Croirait-on peut-être qu'une alliance entre la Russie et les États-Unis soit impossible? Mais jamais autant l'alliance entre deux puissances n'a été plus dans l'intérêt de l'une et de l'autre. Contre l'objection qu'on pourrait faire, que l'alliance entre deux gouvernements d'un esprit si différent, est impossible ou difficile, l'histoire répond par une foule d'exemples; elle nous cite des alliances entre catholiques et protestants pendant le temps des guerres religieuses les plus acharnées, du pape et du sultan au temps du fanatisme des croyants. Il y a peu de temps que nous avons vu des puissances chrétiennes secourir un État mahométan. Les alliances sortent des intérêts des États et non pas de la sympathie ou de la communauté d'esprit gouvernemental. L'objection déjà citée, que le sentiment du peuple américain s'opposera à la guerre contre la mère patrie est aussi peu sérieuse que celle que l'empire moscovite occupé des améliorations et du progrès social à l'intérieur, ne pense plus à faire de nouvelles conquêtes.

En examinant les intérêts des États-Unis et de la Russie, on trouvera qu'ils sont vis-à-vis de l'Europe en général, et de l'Angleterre en particulier, parfaitement identiques. Et les indices, qui nous affirment notre foi dans cette alliance, ne manquent point. N'est-il pas étrange que, tandis que tout le parti conservateur de l'Europe souhaite la victoire aux confédérés, la Russie seule, qu'on s'est habitué à regarder comme l'expression la plus énergique de l'esprit conservateur, ne cache pas son parti pris pour les fédéraux ?

N'est-il pas moins étrange qu'au moment où la Russie égorge la Pologne, qui jouit de toutes les sympathies des libéraux de la terre, une nombreuse flotte à vapeur sortie des ports occupés depuis 1856, jetant l'ancre devant New-York, les équipages moscovites soient reçus avec enthousiasme par les autorités et le peuple, soient promenés triomphalement dans la cité républicaine, et qu'on livre des réfugiés polonais aux autorités moscovites ? Est-ce que ces faits ne sont pas assez clairs pour faire réfléchir les conservateurs aussi bien que les libéraux de l'Europe et d'apprendre aux premiers de se défier de la Russie, aux seconds de ne pas trop compter sur la grande république ?

Le discours de M. Seward, après la prise de Richmond, ajoute à nos arguments. Ayant plaisanté avec assez mauvais goût les souverains de diverses puissances, — le ministre américain évite de parler du czar.

La Grande-Bretagne aurait déjà besoin de toutes ses forces pour soutenir une guerre contre les États-Unis seuls, sans beaucoup d'espérance de succès ; il est évident qu'une guerre contre une alliance américaine-russe ne présente pas les moindres chances. Les forces anglaises de terre, aussi bien au Canada qu'aux Indes, seront écrasées par le nombre. Il est en outre à présumer que les Russes seront reçus par un grand nombre de populations indiennes comme des libérateurs. Les flottes réunies de la Russie et des États-Unis sont presque de force égale à celles de l'Angleterre. Cette dernière sera, en outre, forcée de tenir des forces de terre et de mer imposantes pour garantir ses côtes, aussi bien contre les Américains que contre les Russes. En calculant les moyens de ces trois États, il est impossible d'admettre que l'Angleterre puisse sortir victorieuse de la lutte.

Le gouvernement britannique cherchera sans doute des alliés. Les États les plus directement menacés par l'ambition moscovite, la Turquie et la Suède seraient sans doute disposés à l'aider. Mais, outre leur faiblesse, qui ne leur permet pas de se lancer dans une lutte si inégale, leur intérêt n'est pas assez puissant pour risquer leur indépendance même. La Russie en faisant marcher contre les Indes son armée du Caucase et d'Orenbourg, a toutes ses forces régulières sous la main et pourrait avec une partie d'elles, écraser la Suède et la Turquie. Les puissances allemandes sont, comme nous l'avons démontré plus haut, sous l'influence russe et ne pourront, en voulant même s'en débarrasser, prendre le parti de l'Angleterre sans être sûres de l'attitude de la France et de l'Italie.

Il reste donc la France dont l'alliance pourrait peut-être sauver l'Ang.e terre. La France acceptera-t-elle une alliance dans ces conditions? Nous en doutons. Tout ce que la France pourrait faire, c'est de conserver une neutralité amicale. Certes, si la France voulait suivre la politique égoïste, et depuis quelque temps si mesquine de l'Angleterre, elle profiterait de ses embarras et de ses désastres pour hâter sa chute. Mais la France n'a jamais trahi les intérêts de l'Europe, et son gouvernement actuel a donné assez de preuves qu'il comprend l'avenir, pour qu'il veuille, dans l'espérance de gagner quelques avantages temporaires, satisfaire son juste ressentiment, et se faire complice de la Russie et des États-Unis. Mais entre la neutralité, même la plus amicale, et une alliance active il y a un abîme.

Examinons à présent si la France, avec la meilleure volonté, se trouve en état d'aider l'Angleterre.

Pour soutenir la guerre en Amérique, il faudrait envoyer une armée entière dans le nouveau monde. Une autre armée devrait être envoyée en Turquie pour garder cet empire contre l'invasion moscovite et pour empêcher le mouvement de l'armée du Caucase vers les Indes. Il faudrait des sacrifices immenses de la part de ces deux puissances pour arrêter momentanément la Russie et les Etats-Unis. Encore faudrait-il courir toutes les chances d'une guerre doublement difficile, telle que la dernière guerre d'Orient. C'est assez de ces considérations pour empêcher la France de se lancer dans une aventure pareille, où toutes les chances seraient contre elle, et dont elle ne tirerait aucun avantage. Mais il y a encore d'autres motifs beaucoup plus graves qui s'opposent à l'alliance de la France avec l'Angleterre en cas de guerre avec la Russie et l'Amérique, ou même avec la dernière seule.

Nous avons constaté que, le centre de l'Europe, les États allemands subissent, en général, plus ou moins, l'influence russe. Il est plus que certain que l'Autriche, en voyant la France engagée avec une grande partie de ses forces, tenterait de reconquérir la Lombardie et de rétablir les dynasties déchues. Il est certain que la Prusse, influencée par la Russie et à son exemple toute l'Allemagne soutiendrait l'Autriche. La Prusse aurait, pour son alliance, une indemnité quelconque, par exemple l'incorporation du Sleswig-Holstein et peut-être une province arrachée à la France. Quant aux Etats secondaires que plusieurs publicistes montrent comme toujours prêts à former une confédération du Rhin sous la protection de la France, nous invitons ces messieurs à lire les journaux allemands de toutes les opinions et ils verront, qu'aucun gouvernement, en Allemagne, n'oserait jamais formuler une pensée pareille, regardée comme trahison envers la patrie, sous peine d'être renversé par ses sujets. La France affaiblie trouverait donc contre elle l'Autriche, la Prusse et l'Allemagne entière avec la Russie en réserve, n'ayant pour seul allié sérieux que l'Italie, dont la puissance est encore mal assise. Quant à l'alliance avec la révolution, personne n'ignore que de telles alliances sont, dans une grande guerre, d'un mince avantage. L'engagement des forces anglaises en Amérique et aux Indes, la guerre entre les puissances allemandes et la France affaiblie, donneraient, en outre, à la Russie toutes les chances de s'emparer de Constantinople, et elle se hâterait d'en profiter. Telles sont les considérations qui empêcheront la France de secourir l'Angleterre.

Nous répétons qu'à notre avis une lutte de l'Angleterre contre l'alliance américo-russe ne présente aucune chance de succès. La perte du Canada et des Indes n'est pas le seul danger qui la menace. Les désastres pourront même être plus grands et atteindre l'intégrité du Royaume-Uni.

Dans tous les cas, les effets d'une guerre pareille seront terribles pour l'Angleterre et par contre-coup pour l'Europe.

L'influence et les intérêts européens en Amérique seront détruits pour jamais, la Russie aura la main libre en Asie ; n'ayant plus aucun rival elle y régnera en maître et augmentera bientôt sa puissance de manière à la faire irrésistible.

Le désastre de l'Angleterre aura pour conséquence inévitable un mécontentement général du peuple anglais contre son gouvernement, qui pourra éclater d'une manière foudroyante et avoir son contre-coup sur le continent. Le malaise qui pèse aujourd'hui sur l'Europe augmentera fatalement et les deux partis qui sont en présence, pourront en venir sérieusement aux mains. C'est le moment que le czar attendra pour les protéger les uns contre les autres, pour les écraser successivement.

Dans six années, le temps qu'a donné l'illustre captif de Saint-Hélène à sa célèbre prédiction. « *Dans cinquante ans l'Europe sera républicaine ou cosaque* », sera écoulé. Nous connaissons beaucoup de républicains qui sont persuadés qu'elle sera républicaine. Nous craignons qu'elle ne soit cosaque. En réfléchissant bien: et en comptant les forces matérielles et malheureusement même morales on trouvera que la République est encore un rêve, tandis que la Russie est une terrible réalité grandissant à vue d'œil. Que les libéraux de l'Europe ne se trompent pas en comptant sur le secours des Etats-Unis.

Aussi bien que la Russie protégera le parti conservateur, quand celui-ci aura le malheur de se jeter dans ses bras pour s'en faire un instrument de l'asservissement de l'Europe, aussi bien les Etats-Unis profiteront des penchants du parti républicain, pour le faire servir leurs propres intérêts. Or les intérêts des Etats-Unis sont tout à fait opposés à ceux des Etats européens, quelle que soit leur forme de gouvernement, et vis-à-vis d'eux, identiques à ceux de la Russie. L'asservissement politique de l'Europe ; la destruction des institutions libérales donnera aux Etats-Unis des millions de colons et les laissera maîtres du nouveau monde, c'est tout ce qu'ils peuvent désirer. La Russie, maîtresse de l'Asie et toute-puissante en Europe, c'est en Amérique que se concentreront les forces vitales des peuples aryas, et là ils seront assez puissants pour que la Russie ne tente pas de les y rejoindre. Mais si cela peut consoler quelques-uns, nous ne nous en consolerons pas si facilement.

On nous a souvent objecté, que des empires si immenses ne peuvent durer, et que leur grandeur seule est souvent la cause de leur chute. Mais rien n'est éternel, excepté Dieu. L'homme naît, vit et meurt. Les Etats comme les villes, les nations comme les empires, les idées religieuses ont un commencement, une existence et une fin. Notre globe suivra cette loi de la nature. Où sont ces peuples grands et puissants ? Où sont ces civilisations si avancées, qui ont existé il y a quarante siècles ? A peine en trouvons-nous quelques traces !

Il ne s'agit pas ici que l'empire moscovite soit éternel, il s'agit qu'il peut arriver, et bientôt, à une domination dont on ne peut prévoir la durée; mais il est de notre devoir d'examiner cette éventualité et de lutter contre elle. Si nous négligeons ce devoir, non-seulement nous serons nous-mêmes coupables de notre malheur, mais encore nous le léguerons à notre postérité, qui aura le droit de nous mépriser et de nous maudire.

VII

Nous nous sommes efforcés de montrer les dangers qui menacent notre indépendance, notre race, en appuyant nos assertions par des preuves, des dates et dès chiffres. Nous croyons que, dans peu de temps, les événements confirmeront nos craintes.

Ayant signalé les dangers, nous nous permettrons d'indiquer les remèdes que nous croyons être propres contre ces premiers.

Nous avons vu que les forces de la moitié de l'Europe ont été insuffisantes pour réduire la Russie. Nous croyons avoir démontré qu'après la consolidation et l'extension des conquêtes moscovites en Asie, les forces de l'Europe entière seront insuffisantes pour arrêter l'ambition de cette puissance. Aujourd'hui nous soutenons que, contre une alliance russo-américaine, l'Europe a besoin d'une alliance étroite de tous les États, et surtout de celle de la France, de l'Angleterre, de la Prusse et de l'Autriche pour sauvegarder, non-seulement ses intérêts, mais aussi son indépendance menacée. Si une seule des grandes puissances continentales fait défaut, l'avenir de l'Europe se trouvera gravement compromis.

En donnant au cinquième chapitre un rapide tableau des États européens, nous avons voulu démontrer que l'état actuel de l'Europe présente des difficultés graves et que la diversité des intérêts entre les États, ainsi que la méfiance entre la plupart des gouvernants et gouvernés peut compromettre encore plus les forces dont l'Europe peut disposer pour sa légitime défense. Cet état de choses peut doubler les moyens de la Russie contre l'Europe.

Le grand problème, pour faire une alliance possible, est donc de concilier les intérêts des divers États et des peuples, de manière que les avantages de chacun soient supérieurs aux sacrifices qu'ils doivent s'imposer momentanément.

La justice et un équilibre véritable doivent être la base de l'alliance européenne.

La France, l'Angleterre, l'Autriche et la Prusse representent la majorité de la force matérielle et morale de l'Europe, dont la prospérité ou le malheur dépendra de leur alliance intime ou de leur hostilité réciproque.

En constatant dans quel état menacé se trouve la Grande-Bretagne, nous croyons que le plus grand intérêt de son gouvernement est de concourir de tous ses moyens à une fédération européenne.

La France, dont les intérêts sont aussi, sinon au même degré, engagés en Amérique et en Asie, et avec la prospérité de laquelle celle de l'Europe est intimement liée, sera toute disposée à aider de toute sa puissance une alliance européenne.

La Prusse se trouve dans une position difficile et a besoin du soutien loyal et désintéressé des autres grandes puissances pour s'affranchir de la tutelle moscovite.

La Prusse doit beaucoup à la Russie, et cette dernière ne sert jamais sans arrière-pensée; les hommes d'État les plus éminents de la Prusse ont toujours compris les dangers de l'avenir, et ils ont toujours regardé avec inquiétude leur trop puissant allié, mais il leur a été impossible de rompre avec lui.

Pour soustraire la Prusse à l'influence moscovite, il faut donner à cet État plus de puissance et une meilleure position géographique. L'unique moyen est la réunion de toute l'Allemagne du nord sous le sceptre de Hohenzollern. Cette réunion ne causera pas la moindre perturbation. Le peuple applaudira à cette résolution de l'Europe, et les petits souverains ne pourront tenter aucune résistance.

La réunion de l'Allemagne du nord avec la Prusse, de l'Allemagne du sud avec l'Autriche est la seule solution possible de la question allemande. Un seul empire allemand serait non-seulement un danger pour l'équilibre européen, mais il est, par la nature des choses, impossible. La différence entre les Allemands du nord et ceux du sud est beaucoup plus grande qu'entre les Italiens.

Les traditions, le caractère et surtout la religion forment là des barrières infranchissables. On ne pourrait pas du reste constituer une seule Allemagne sans vouloir anéantir une des deux grandes puissances qui chercherait forcément un abri sous la protection de la Russie.

La solution de la question allemande, de cette manière, serait la clé de la solution de presque toutes les autres questions importantes de l'Europe. Elle est, en outre, le seul moyen de faire entrer l'Autriche et la Prusse dans la fédération européenne, et la seule condition sous laquelle on peut leur demander les sacrifices nécessaires.

La Prusse peut facilement faire abandon de ses provinces polonaises qui ne sont pas encore germanisées, parce qu'aucun homme politique ne voudrait soutenir les aspirations des Polonais à leurs frontières historiques.

Dans ce siècle les frontières historiques doivent faire place aux frontières nationales, et si les Allemands ont, comme tous les peuples conquis des terres slaves, ils les ont conquises non-seulement avec le glaive, mais aussi avec la charrue et la civilisation, et ce serait une anomalie de demander à six millions d'Allemands, vivant depuis des siècles sur la rive droite de l'Oder, de devenir Polonais.

En appelant aux droits historiques, il faudrait déplacer tous les peuples. La Pologne trouverait ses frontières naturelles là où sont les frontières de l'Europe, c'est-à-dire sur la rive droite de la Dwina et sur la rive gauche du Dnieper (1).

L'Autriche en renforçant la population allemande de son empire par plus de huit millions, acquerra une force qu'elle n'a jamais possédée. Elle pourra, sans déroger et faiblir, évacuer la Vénétie et renoncer à la possession de la Gallicie.

La partie allemande de l'empire ou l'Allemagne du Midi formant une

(1) Les frontières orientales de la Pologne sont les frontières de l'Europe et de l'Asie. Elles sont les mêmes depuis les temps les plus anciens. Le plus antique historien, Hérodote, qui est attaqué depuis quelque temps avec acharnement par des écrits moscovites, dit : « Quelques journées de marche à l'ouest du Borysthène vivent les Scythes nomades, et sur la côte est vivent les Scythes agricoles. » On pourrait traduire ainsi de nos jours l'historien grec : « Que jusqu'à Nowgorod-la-Grande et dans la Petite Russie demeurent les Slaves aryas, et à l'ouest les Moscovites avec lesquels commence l'Asie. » Qu'on lise les persécutions dont, dans les temps modernes, les Petits-Russes ont été l'objet de la part des Moscovites.

masse compacte d'environ 23 millions d'habitants, la dynastie des Hapsbourg peut faire au royaume de Hongrie des concessions étendues, lui
donner une autonomie complète, ce qui aujourd'hui est impossible sans
compromettre l'existence même de l'empire.

Le partage de l'Allemagne entre l'Autriche et la Prusse est, à notre avis,
la seule base sur laquelle une fédération européenne peut être édifiée; elle
rend la solution de toutes les autres questions possible. Le seul fait de ce
partage résout déjà les questions suivantes :

Le nombre des Ltats souverains en Europe (excepté la Russie et la Turquie, qui sont plutôt asiatiques) est réduit de quarante-sept à seize, c'est-
à-dire que les relations entre les gouvernements et les peuples se simpli-
fient de deux tiers.

La question vénitienne, si grosse de tempêtes, est résolue.

La solution de la question hongroise est facilitée.

L'Allemagne du nord ne se fera pas prier pour restituer au Danemark
quelques minces parties du Sleswig danois.

Les fondements pour la reconstitution de la Pologne sont jetés par la
restitution des parties polonaises de l'Autriche et de la Prusse, ces parties ayant une population de plus de six millions d'âmes.

La base de la solution des principales questions ainsi posée, le congrès
des seize États d'Europe, c'est-à-dire l'Autriche, la Belgique, le Danemark,
l'Espagne, les États de l'Église, la France, la Grande-Bretagne, la Grèce,
l'Italie, les Pays-Bas, la Pologne, le Portugal, la Prusse, la Roumanie, la
Suède et la Norwége, la Suisse peut se réunir et prendre des mesures pour
fonder l'équilibre, la tranquillité, la prospérité et l'indépendance de l'Europe sur des bases durables.

Entre les questions intérieures qui se présenteront au congrès, il y a la
première qui est d'une haute gravité, mais d'une difficulté plutôt morale
que matérielle; c'est celle de la souveraineté du pape à Rome.

Cette seule question, pour être résolue, a besoin de l'assentiment d'un
congrès européen.

Quant à notre avis, tout en respectant les aspirations italiennes vers
Rome, nous pensons que l'éloignement du pape de son siége jetterait un
grand trouble dans les consciences catholiques, et serait dans ces conséquences plutôt nuisible qu'utile à l'Italie. Quant au séjour du pape à Rome
à côté du roi d'Italie, il est à présumer qu'aucun autre Etat catholique ne
consentirait à un pareil arrangement, attendu qu'une pareille combinaison
pourrait donner lieu à de nombreuses et graves difficultés politiques.

Le droit de l'Italie d'avoir Rome pour capitale n'est pas bien établi.
Rome a toujours été une ville dominante sans être capitale d'aucun Etat.
Elle a dominé l'Italie aussi bien qu'une partie de l'ancien monde, pendant
la première période matériellement, moralement pendant la seconde. Qu'on
laisse donc à cette ville exceptionnelle sa mission beaucoup plus grande que
celle d'être la capitale d'un royaume, qu'on la laisse entrer dans sa troisième et
glorieuse période.

Ici nous sommes obligés de grossir le nombre de ceux qui ont proposé
tant de solutions à la question romaine. Nous proposons donc que Rome
reste ce qu'elle est et qu'elle devienne le siége du congrès européen; que
le Pape soit président honoraire du congrès; que la cité éternelle soit placée
sous la sauvegarde de l'Europe entière.

En vérité l'Italie, en voyant, dans une minime partie de son territoire, le
siége de la plus haute autorité religieuse et de la plus haute autorité politique,
pourra se consoler et être fière de la double splendeur de Rome, splendeur
si supérieure à toutes celles des autres capitales du monde.

La question d'Orient ne peut encore être difinitivement résolue; mais elle
peut être régularisée de manière à ne pas troubler la paix européenne.
Loin de tâcher d'ébranler ou de détruire la puissance ottomane qui est dans

les circonstances actuelles nécessaire à l'équilibre européen et qui serait difficile à remplacer, il faudrait affermir cette puissance et lui donner du temps pour pouvoir entrer dans le progrès et le concert européen.

En revanche en renonçant à la souveraineté officielle plutôt qu'effective de la Roumanie, la Turquie fera un acte de justice et remplira un devoir envers l'Europe.

Une grave question est celle de la légitimité de l'annexion de divers États allemands à la Prusse et à l'Autriche. Quant au peuple allemand, il acceptera ce changement comme un véritable progrès matériel et moral. Quant au droit de dépouiller tant de familles régnantes de leur souveraineté, nous supposons que le droit de l'Europe d'ôter les obstacles qui s'opposent à sa sécurité est plus légitime, ainsi que le droit du peuple allemand de demander des gouvernements plus stables et qui ne dépendent pas du bon plaisir de leurs voisins. La souveraineté comme elle existe en Allemagne est une anomalie de notre siècle, elle est comme nous l'avons déjà démontré, nuisible et dangereuse.

Des considérations se présentent encore, qui peuvent beaucoup atténuer la violence exercée contre les familles régnantes, qui possèdent en Allemagne une souveraineté plus sérieuse.

Ainsi la maison de Hanovre-Brunswick appartient à la famille de la Grande-Bretagne, elle ne perd donc pas son rang. Si l'Angleterre voulait comprendre son intérêt, elle ferait peut-être mieux d'ériger le Canada en monarchie que de le garder comme colonie. Dans ce cas, l'apparente injustice envers la maison royale de Hanovre pourrait être grandement reparée.

La maison de Saxe a régné longtemps en Pologne et l'on peut présumer que sur la proposition du congrès européen la Pologne voudrait mieux donner la couronne à cette famille que recourir aux élections qui ont eu des suites si funestes pour cet Etat. La Roumanie agrandie par la Bessarabie et la Boukovine et érigée en royaume ne sera pas mécontente de faire asseoir sur son nouveau trône une dynastie antique et acceptera sans difficulté la famille royale de Bavière.

Nous avons déjà remarqué que dans le nouveau droit de l'Europe, l'occupation de deux trônes par une même famille doit être proscrite. Mille difficultés sont aplanies si ce droit est consacré par le congrès. Ce droit existe du reste de fait et après la médiatisation des États allemands, c'est seulement dans les deux petits États en Grèce et en Danemark que régnera la même famille. C'est pour faire triompher ce droit que nous demandons le changement du souverain des Grecs et son remplacement par la famille royale de Wurtemberg. La nation grecque doit trop à l'Europe pour pouvoir refuser cet arrangement dicté par les besoins généraux.

Nous ne proposons ni des guerres intérieures ni des révolutions dans la famille européenne. Tous ces changements que nous espérons pourront se faire, si les quatre grandes puissances ou même seulement la France, l'Autriche et la Prusse étaient d'accord, sans qu'on puisse craindre de notables secousses. Ce serait une révolution pacifique, où pour la première fois les peuples et les rois seraient satisfaits. Les onze familles princières dépossédées (1) pourront être largement indemnisées par la Prusse et l'Autriche, et cela vaudra sans doute mieux pour elles que d'attendre qu'une tempête quelconque mette fin à leur éphémère souveraineté. Les quatre familles royales allemandes trouvent, comme nous l'avons démontré, des Etats plus

___

(1) Ce sont les familles de : Anhalt ; — Bade ; — Hesse-Cassel-Darmstadt-Hombourg ; — Lichtenstein ; — Lippe Detmold-Schaumbourg — Meklenbourg-Schwerin-Strelitz ; — Nassau ; — Oldenbourg ; — Reuss-Greitz-Schleitz ; — Schwartzbourg-Rudolstadt-Sondershausen ; — Waldeck.

étendus et plus puissants à gouverner que ceux qu'ils seront obligés de quitter.

On ne peut pas dire que nous ayons lésé les intérêts d'aucune dynastie ni celle d'aucun peuple, si on veut excepter les onze familles ducales. Certes nous n'avons pas tout dit de ce qui reste encore à faire en Europe, parce que cela est impossible et que toutes les autres questions sont de nature secondaire. Mais nous avons traité la solution des questions principales qui agitent l'Europe ; savoir : la question allemande, vénitienne, hongroise, roumaine, romaine, polonaise, scandinave, et celle de l'indemnisation des quatre familles royales d'Allemagne. Nous avons montré que ces principales questions peuvent être résolues par la seule volonté des grandes puissances, sans qu'on ait besoin de recourir aux guerres ou aux révolutions. Et personne n'ignore que dans l'état de la politique actuelle, la moindre de ces questions cache dans son sein une ou plusieurs guerres ou révolutions.

Ce sont les *huit points* qui doivent former la base de la *politique nouvelle.*

VIII

Les intérêts des Etats et des peuples de l'Europe proprement dite peuvent être mis d'accord sans effusion de sang par l'effet même de l'accord des grandes puissances ; mais la cinquième grande puissance, qu'on appelle européenne et qui est asiatique, aura tout intérêt à empêcher cet état de choses. Depuis le czar Pierre Ier, quand la Moscovie est entrée par ruse et par violence en Europe, quand elle a changé son nom en celui de Grande-Russie et après en Russie tout court, nom qu'elle veut déjà troquer en celui de Slavie, quand elle a pris le titre d'empire et pris place à côté des anciens États, elle porte le trouble dans les consciences des peuples et dans les conseils des rois. Elle a affaibli l'Europe moralement et matériellement, et elle la regarde depuis comme sa proie. Le czar fera des efforts inouïs pour empêcher une organisation forte et juste des États européens. Si ces changements si nécessaires et si importants peuvent se faire dans la famille européenne sans secousse, il en est tout autrement pour la Russie. Elle est trop forte pour faire justice à la simple voix de l'Europe et elle tentera le sort des armes avant de faire droit aux plus justes réclamations. C'est contre la Russie que l'Europe coalisée doit procéder à l'exécution. Or l'Europe a non-seulement le droit, mais c'est son devoir de demander à la Russie la restitution des pays dont la conquête illégitime et brutale est une offense et un danger pour elle. Ces pays sont les parties de l'ancien royaume de la Pologne, le grand-duché de Finlande, la Crimée et le Caucase. Traiter avec la Russie serait inutile ; recourir à des demi-moyens, ce serait laisser la grande question des frontières de la véritable Europe irrésolue et se préparer à des bouleversements et des guerres continuels.

Une seule et dernière guerre avec toutes les forces réunies de l'Europe peut trancher cette question, sans quoi tous les autres arrangements en Europe manqueront de stabilité et de sécurité.

Nous nous plaisons toujours à donner le plus souvent possible des chiffres, comme les meilleures preuves, et nous nous permettons de faire une comparaison entre les forces défensives de la Russie et les forces offensives, que l'Europe alliée peut faire marcher contre cette dernière.

L'armée russe se compose (en chiffres ronds) :

Corps de la garde	80,000
Grenadiers	40,000
Six corps de ligne	360,000
Corps de la Finlande	40,000
Deux corps de cavalerie	20,000
Premières réserves	270,000
Cosaques du Don	60,000
Leurs premières réserves	40,000
Troupes intérieures	100,000
Armée du Caucase et réserves	300,000
Corps d'Orenbourg, Sibérie et Amour avec réserves	200,000
Secondes réserv. et nouveaux conscrits	300,000
Total	1,810,000

La statistique officielle russe présente environ un quart en plus du chiffre que nous donnons.

Les flottes russes de la Baltique, de la mer Noire et de l'océan Pacifique peuvent porter environ 6,000 canons.

Pour pouvoir attaquer l'empire moscovite avec succès il faudrait trois grandes armées en Europe et une en Asie.

La première armée pourrait être composée de la manière suivante et prendre le nom d'armée du Nord.

Corps norwégo-suédois	60,000
» danois	15,000
» hollandais	25,000
» belges	30,000
» français	120,000
Armée du Nord	240,000

La Prusse ou l'Allemagne du Nord fournirait	300,000
L'Autriche ou l'Allemagne du Midi	400,000

L'armée d'Asie serait formée de.:

```
Armée ottomane ......................    240,000
Armée italienne.......................    150,000
Corps suisse..........................     15,000
   »     grec .........................     15,000
                                          ────────
      Total de l'armée d'Asie.........    420,000
```

Pologne et Roumanie, 140,000.
Total des forces européennes, 1,660,000 hommes.

Nous appelons l'attention sur la circonstance suivante qui est d'une haute gravité. A l'appel du czar aucun Moscovite ne manquera ; or, le Moscovite est essentiellement fantassin et il ne sert autrement qu'avec les armes du gouvernement. Le Moscovite du Midi ou Cosaque, qui habite sous diverses dénominations les plaines immenses depuis le Don jusqu'à l'océan Pacifique est essentiellement cavalier et toujours prêt à répondre en masse à l'appel de son maître. Ces peuplades de cavaliers comprennent un nombre d'environ douze millions d'hommes, dont dix millions obéissent aux ordres du czar, et on peut compter à peu près un quart, propre à la guerre, bien armé et à cheval. Les historiens et hommes politiques trouveront dans ces données la solution de ce secret pourquoi autant de fois les peuples des steppes, comparativement peu nombreux, ont vaincu ou subjugué des pays civilisés cent fois plus peuplés qu'eux. La cause est simple. Chaque Touranien à cheval, quel que soit son nom Hunn ou Mongol, Tatar ou Cosaque en état de porter les armes, est soldat, toujours prêt à abandonner sa famille, à monter à cheval pour suivre son maître au bout du monde, quand il espère un butin et le pillage.

Mais revenons à la question. Tous les États doivent encore tenir une réserve égale à la moitié des forces engagées, ce qui porterait les forces mises en mouvement à environ 2,000,000 d'hommes. On voit que la disproportion des forces russes et européennes cesse alors. S'il était nécessaire d'agir contre les États-Unis, il faudrait porter.

```
L'armée anglaise au Canada à...    80,000 hommes.
L'armée française au Mexique à.   120,000     »
L'armée espagnole à.............    80,000     »
Corps auxiliaire portugais......    20,000     »
                                   ────────
      Armée d'Amérique......      300,000 hommes.
```

Quant aux forces navales, les flottes secondaires, suédoises, norwégiennes, danoises, prussiennes et hollandaises soutenues par une escadre française ou anglaise, suffiront contre la flotte russe dans la Baltique, tandis que les flottes italiennes, autrichiennes et ottomanes occuperont la mer Noire.

Toute la flotte anglaise. française et espagnole reste donc pour tenir en échec les forces navales des Etats-Unis.

On voit que l'Europe a besoin de toutes ses forces pour pouvoir agir contre la Russie et les États-Unis, c'est-à-dire pour tenter une guerre qu'il y a quatre-vingts ans, chaque grande puissance européenne pouvait entreprendre.

Beaucoup d'hommes qui connaissent la Russie seulement par les journaux seront étonnés d'apprendre que le colosse aux pieds d'argile, comme on l'appelle, est en état de tenir tête aux forces réunies de l'Europe entière surtout dans le cas où il peut s'appuyer sur l'alliance des États-Unis. Il y a quatre-vingts ans, que chaque État de premier rang pouvait attaquer la Russie isolément et avec avantage. On peut arriver logiquement à la conclusion, que, dans un temps donné, et en tout cas peu éloigné, quand on laissera accomplir à la Russie et aux États-Unis ce qu'ils appellent leur mission en Asie et en Amérique, l'Europe se trouvera impuissante contre eux et même contre la Russie seule.

Nous ne comptons pas les forces insurrectionnelles qui pourront être utilisées dans une guerre contre la Russie, les forces pareilles étant de peu d'importance dans une grande guerre. En outre, les forces révolutionnaires, que la Russie a préparées de longue main, chez les Grecs et les Slaves qui lui sont pour la plupart entièrement dévoués, pourront avec avantage contrebalancer le tort que pourrait lui faire une insurrection en Pologne ou en Finlande. Nous entendons souvent des hommes, même très-sérieux, compter sur le mécontentement, surtout des sectes religieuses, qui forment plus que le quart de la population moscovite. On se trompe étrangement sur l'état des choses. Les sectes se détestent entre elles et détestent toutes le czar comme chef de l'église officielle. Mais vis-à-vis de l'Europe, tous sont unis comme un seul homme autour de l'autocrate. On sait, que dans les derniers temps, les cruautés les plus féroces contre les insurgés polonais, ont été commises par les vieux croyants. « Envoyez-nous des vieux croyants pour occuper la place des polonais déportés », écrit Mourawieff à Saint-Pétersbourg, « personne n'est plus capable de lutter contre l'élément polonais. » Tels sont les révolutionnaires en Russie.

Il nous est excessivement pénible de soupçonner un État quelconque, qui serait capable pour satisfaire sa politique égoïste, de trahir par l'abstention ou par une neutralité malveillante les intérêts de l'Europe.

Mais il nous est difficile de nous défendre d'une légitime inquiétude, en examinant la politique incompréhensible que le gouvernement britannique a suivie jusqu'à ce moment. Ce dernier est si habitué à exploiter le malheur de l'Europe dans les intérêts de son aristocratie, qu'il serait capable de faire même des sacrifices pénibles et humiliants, pour pouvoir abandonner et trahir l'Europe dans le moment décisif. ·

Il serait bien d'être préparé à cet événement, et le cas échéant de s'isoler de la Grande-Bretagne. Dans ce cas, l'Europe doit renoncer à tous ses intérêts en Amérique et laisser vider cette question entre les États-Unis et l'Angleterre seuls.

L'alliance de la France, de l'Autriche et de la Prusse, qui sera complétée par celle de tous les États européens, sera assez forte pour conduire la régénération de l'Europe à bon port. La paix avec les États-Unis augmentera les forces de l'Europe continentale contre la Russie, par la disponibilité de l'armée et de la flotte française et espagnole; et la question de sauvegarder son indépendance pour l'avenir contre les Moscovites, est d'une gravité plus grande que la sauvegarde des intérêts européens en Amérique et la protection de l'indépendance des États latins de cette partie du globe.

Le tort que la naissance d'une unique et gigantesque puissance en Amérique fera à l'Europe, peut être seulement matériel et il sera très-grand ; tandis que la Russie menace, non-seulement tous nos intérêts matériels et moraux mais aussi notre indépendance et notre race. Nous voulons espérer que nos craintes sont exagérées, et nous espérons surtout que la position critique dans laquelle la Grande-Bretagne se trouve actuellement ne permettra pas à lord Palmerston de trahir encore une fois de plus les intérêts européens, au profit du czar, pour ne pas abandonner sa vieille habitude.

L'instinct moscovite comprend parfaitement que la fédération de l'Europe existe déjà dans l'esprit des peuples. Le directeur du journal « *Moscowkoje wiedo mosli,* » M. Katkow, si connu pour son adoration des actes de Mourawieff et qui représente énergiquement le véritable esprit moscovite, fait dans plusieurs numéros de son journal appel aux Moscovites, de se défier des Européens et surtout des Allemands, qui, dit-il, sont, vis-à-vis de la Russie, liés par les mêmes *intérêts et les mêmes* sentiments.

Nous répétons encore une fois qu'en invoquant la guerre comme moyen de sauvegarder l'indépendance et les intérêts les plus sacrés de l'Europe, nous ne voulons nullement que les Etats européens usent de ce moyen pour être injuste envers la Russie et les Etats-Unis. Nous ne voulons pas qu'on retire rien à la première de sa légitime propriété, ou même de ses conquêtes dont la possession ne nous menace pas. Nous désirons encore moins qu'on fasse le moindre tort à la dignité et aux intérêts justes de nos frères de race aux Etats-Unis, mais nous demandons d'être mis à l'abri des ambitions démesurées.

Qu'on nous permette de récapituler les avantages qu'obtiendront les États et les peuples de l'Europe en suivant nos combinaisons; on verra qu'ils sont bien supérieurs aux sacrifices d'une guerre dont le succès est assuré et qui doit être pour longtemps la dernière.

La Prusse, en devenant Allemagne du nord, gagne, outre les avantages d'une position géographique, une population allemande de plus de huit millions et rend justice à la Pologne en rendant 12 à 1,500,000 Polonais.

L'Autriche renforce sa population allemande de plus de huit millions, en échange d'un nombre inférieur de Polonais et d'Italiens. Elle trouve encore la solution de la question hongroise.

Le Danemark rentre en possession de la partie danoise du Sleswig.

L'Espagne trouve une sécurité pour ses possessions d'Amérique.

La France peut, en toute sécurité, développer ses colonies, et n'aura pas prodigué son sang et ses trésors inutilement au Mexique.

La Grande-Bretagne retire des avantages immenses, étant à bon marché sauvée d'un péril imminent et assurée dans ses possessions d'outre-mer.

L'Italie sera définitivement constituée.

Le Saint-Siége sera mis sous la sauvegarde de l'Europe et la dignité temporelle du saint-père recevra un accroissement par la présidence honoraire du congrès des souverains.

La Pologne sera reconstituée et la grande iniquité commise envers cet Etat réparée principalement par les armes allemandes.

La Roumanie prendra place au nombre des Etats souverains.

La Suède rentrera en possession de la Finlande.

La Turquie rentrera en possession du Caucase, barrière puissante couvrant sa partie asiatique.

Les quatre maisons royales d'Allemagne trouveront des trônes plus puissants et plus sûrs que ceux qu'ils occupent maintenant.

Les cinq petits États, la Grèce, le Portugal, les Pays-Bas, la Belgique et la Suisse n'auront, en vérité, aucun avantage matériel mais gagneront, comme membres de la grande fédération européenne en sécurité.

Tout le sacrifice pour arriver à ce grand but consiste dans l'abdication des onze familles ducales de d'Allemagne.

En outre des avantages que recueilleront tous les États, toute l'Europe aura cet avantage immense, qu'après cette dernière guerre la paix et la tranquillité à l'extérieur et à l'intérieur sera pour longtemps assurée. Les esprits se calmeront, les peuples sous des gouvernements justes, équitables et vraiment nationaux ne penseront pas aux bouleversements violents, mais aux progrès matériels et moraux, calmes et raisonnables. Les souverains, réconciliés avec leurs peuples n'auront pas l'inquiétude de céder à leurs légitimes aspirations. Les guerres entre les États d'Europe seront impossibles, le congrès réglant souverainement les questions internationales.

Les quinze Etats européens formant une confédération seront représentés au congrès par les souverains sous la présidence honoraire du Pape, et l'on pourrait ajouter à ce congrès un congrès internationnal formé par les représentants des différents peuples, à raison d'un représentant par population d'un million d'âmes.

La confédération européenne, sûre et tranquille à l'intérieur, sera assez forte contre toutes les puissances du globe. Elle pourra donc procéder à une réduction générale des armées de terre et de mer, dont le quart suffira pour ses besoins.

Une ère nouvelle de bonheur et de liberté, de tranquillité et de sécurité pour les intérêts des rois et des peuples, commencera et mille questions dont la solution paraît seulement possible aujourd'hui par la violence, seront résolues tranquillement par la justice.

Nous n'admettons pour le moment, ni l'empire moscovite ni l'empire ottoman dans la confédération européenne. Et ce n'est pas seulement la diversité de race des populations de ces empires qui nous fait désirer leur exclusion, mais bien le niveau de civilisation de ces peuples. Tous les Etats européens sont déjà aujourd'hui des Etats constitutionnels. Que la Russie et la Turquie entrent franchement dans la voie de la civilisation, qu'elles suivent en tout l'exemple de l'Europe, qu'elles donnent des garanties sérieuses de leur bonne volonté, et certes, ni rois, ni peuples ne leur refuseront une fraternelle réception.

Mais un czar autocrate, un sultan absolu, tous les deux pontifes suprêmes de leurs religions nationales, ne peuvent siéger à côté des souverains constitutionnels sans porter la discorde et le trouble au sein du congrès. Aussi bien, les représentants des peuples à demi barbares et dont l'honneur et la conscience dépendent du bon plaisir de leur maître, seraient déplacés à côte des représentants de peuples libres et civilisés.

Quand l'Europe sera constituée de cette manière, il y a tout lieu de croire, que sa sœur cadette l'Amérique suivra son exemple. Il est à présumer, que les Etats d'Amérique, surtout les Etats latins, suivront l'exemple du Brésil et du Mexique et fatigués de la faiblesse et du désordre continuels dans lesquels ils vivent, se donneront des gouvernements forts et stables. Dans ce cas il n'est pas impossible que les branches des familles royales et des familles ducales dépossédées en Europe ne soient appelées par les peuples à régner sur les nouveaux empires et les royaumes d'Amérique.

Et quand la noble race arya, puissante par sa civilisation, sa liberté, sa justice, son calme et sa fraternité plutôt que par son nombre (la race touranienne est quatre fois plus nombreuse), donnera au monde ce grand spectacle de l'unité et du véritable christianisme, elle aura le droit et aussi les moyens d'appeler la race touranienne à accepter sa civilisation et ses dogmes.

Jusqu'à présent la conduite des peuples aryas n'a pas été de nature à éveiller la confiance des peuples de l'Asie et de l'Afrique. Elle a été loin d'accomplir la haute mission à laquelle la nature même l'appelle.

Ce sera juste quand Dieu, voyant notre aveuglement et notre méchanceté de famille, fera tomber un nouveau fléau sur nous, s'il excite contre nous ces peuples d'Asie si peu connus et si méprisés, pour nous punir.

Cette punition est si peu éloignée qu'il faut être aveugle ou fermer obstinément les yeux pour ne pas la voir arriver à pas de géants.

Ne nous occupons donc pas, pour le moment, du bonheur et de la liberté des serfs moscovites, des nègres américains, des Chinois, des Japonais, des Papuas et autres, occupons-nous avant tout du bonheur, de la liberté et de la sécurité de notre race, et quand nous serons justes entre nous, nous pourrons faire justice aux autres.

F I N

Paris. — Imp. VALLÉE, 15, rue Breda.